A Eventhia,
ma femme, qui me supporte
quand je n'ai pas réussi un accord...

A Jacques Puisais,
qui m'a appris à goûter
et m'a fait comprendre ce qu'était le vin.
Grâce à lui, je suis un cuisinier différent.

Le Vin et la Table

d'Alain Senderens

Avec la collaboration de
Dominique Couvreur

Photographies
Fabrice Leseigneur

Vins sélectionnés par
Michel Bettane et Thierry Desseauve

Editions de La Revue du vin de France

Remerciements

Je tiens à remercier
toute mon équipe,

et en particulier

Roger Moreau,
le directeur du Lucas Carton,
fidèle complice de toujours,
qui me permet de réaliser
toutes mes extravagances,

Frédéric Robert,
mon chef

et **Jérôme Moreau**,
mon chef sommelier.

Editions de La Revue du vin de France,

38-48 rue Victor-Hugo, 92532 Levallois-Perret Cédex.
Tél. : 01 41 40 24 04 - Fax : 01 41 40 23 09

Conseil stylisme : Marie-Caroline Malbec
Conception maquette et montage PAO :
Eric Toutous, Nathalie Richard
Secrétariat de rédaction : Laure Bretton
Photogravure : Le Vaisseau, Dahinden

Diffusion : Flammarion/UD Distribution

Le mariage des vins et des mets

Depuis sept ans, dix fois par an, une réunion discrète se tient dans un salon du Lucas Carton avec mes sommeliers et quelques journalistes de *La Revue du vin de France*.

Cette petite société, œuvrant pour le plaisir du goût, est animée d'intentions tout à fait honorables et philanthropiques. Il s'agit de trouver les meilleurs accords entre plats et vins. Il s'agit aussi de décortiquer nos erreurs, de comprendre pourquoi un vin digne d'éloges en dégustation pure peut faire pâle figure quand il passe à table, pourquoi un plat plein de qualités est voué au célibat, incapable de trouver le vin qui pourrait partager sa vie.

On dit souvent que le goût est une affaire de subjectivité. Je crois au contraire que c'est une affaire d'objectivité et de culture, d'apprentissage, d'accumulation critique de l'expérience. On doit partir de son imaginaire pour tendre à l'objectivité et à la communication de l'expérience.

Ces agapes studieuses (il arrive que nous goûtions à chaque fois une dizaine de plats et une cinquantaine de vins) sont régulièrement relatées dans la rubrique "Le vin à table" de *La Revue du vin de France*.

Parmi 150 coups de foudre entre plats et vins trouvés depuis que ce travail a été entrepris, j'ai choisi 80 accords parfaits pour cet ouvrage.

Ce livre est tout d'abord un livre de recettes décrites le plus simplement possible, puisant dans le répertoire des créations du restaurant comme dans la tradition culinaire française et parfois étrangère.

C'est ensuite un peu plus qu'un simple livre de recettes culinaires puisqu'il suggère un accord parfait entre vin et met, proposant pour chaque plat un *alter ego*.

C'est enfin et surtout bien plus qu'un livre sur les accords entre les mets et les vins. En expliquant les raisons exactes qui m'ont fait, à un moment donné, choisir tel vin pour tel plat, je vous invite à faire vos propres essais, à pousser plus avant ces portes que nous avons ouvertes. Je me sens en fait comme un magicien qui expliquerait ses tours en espérant que quelqu'un les perfectionnera encore.

Car ce livre n'a aucune prétention, à l'exhaustivité. Tout sauf une bible intangible ou une table de commandements autoritaires, c'est un manuel qui vous donne la main pour vous inciter à nous suivre dans notre travail et, pourquoi pas, à l'approfondir.

Ce livre est tout juste le bilan de tâtonnements, une pause, un moment de réflexion dans mon travail sur l'alchimie de l'accord entre la cuisine et les vins. Comme disent les musiciens de jazz, c'est un *work in progress*, un travail en train de se faire, une ébauche en cours, un ouvrage sans cesse remis en cause et perfectible.

Dans l'océan des livres de recettes, dans la mer d'ouvrages conseillant un vin pour un plat, celui-ci ne prétend gouverner que sa petite mare : cinq principes que je crois avoir appris.

Je vous les livre avec des exemples qui vous permettront, je l'espère, de comprendre ma démarche.

1. Les accords entre les mets et les vins ne sont jamais définitifs

Si les matières premières servant à la confection d'un plat ne sont pas toujours semblables tout au long de l'année, même provenant des meilleurs fournisseurs, ce sont surtout les vins qui "bougent".

En évoluant, leur bouquet aromatique va du fruit ou de sensations florales vers des notes plus tertiaires qui évoqueront, par exemple, la terre, un sous-bois capiteux après une pluie matinale ou de franches notes de gibier.

La perception de la constitution du vin va changer parallèlement à l'évolution des arômes. Avec le temps, les tannins d'un vin rouge vont s'affiner, le boisé d'un vin élevé en fût va lentement s'estomper, le sucre résiduel d'un blanc d'Alsace va disparaître.

Les accords parfaits sont donc perpétuellement à remettre en cause. Il faut, malgré tout, à un moment donné, pour comprendre "comment et pourquoi cela a marché", les fixer afin de pouvoir explorer de nouvelles pistes et actualiser les accords parfaits.

C'est pourquoi j'ai indiqué, chaque fois que cela me semblait nécessaire, la date à laquelle a été réalisé l'accord que je jugeais parfait.

En explicitant les bases d'un coup de foudre, je vous livre des pistes pour actualiser cet accord avec d'autres millésimes de la même appellation, voire pour aller fureter ailleurs et solliciter d'autres origines qui vous permettront de mieux coller à la réalité de votre cave. J'essaie de fixer le principe de l'accord, d'écrire la musique mais c'est à vous de l'interpréter.

Cela peut paraître parfois un peu trop pointilleux. Mais tout amateur de vin sait bien qu'aucune appellation ne ressemble à une autre (par exemple qu'un beaujolais ne ressemble en aucun cas à un madiran) et que, dans une même appellation, deux vins de deux excellents producteurs ne se ressemblent pas et ont des caractéristiques différentes.

L'amateur de vin sait également que tous les millésimes ne sont pas identiques, qu'il y a des années fastes qui ont donné des vins très mûrs et ronds, d'autres moins bénies qui ont donné des vins plus pointus.

Chacune peut pourtant trouver sa place à table en fonction de ses caractéristiques. Le "grand" millésime en dégustation pure n'est pas forcément le premier à table : un vin trop riche peut écraser un plat alors qu'un vin plus modeste saura accepter le rôle de faire-valoir et pourra se révéler indispensable.

2. L'harmonie n'est pas seulement aromatique

En matière d'accords entre mets et vins, on se laisse trop souvent mener par le bout du nez et l'harmonie aromatique. S'il y a du cassis dans une sauce, on suggérera de servir un bourgogne dans lequel on retrouvera les mêmes notes aromatiques. On ne fait ainsi qu'empiler des couches d'arômes et cela reste vain. Plat et vin sont alors comme deux personnes qui se croisent et s'éloignent sans se parler, sans nouer d'aventure.
L''harmonie se noue en fait beaucoup plus profondément, au cœur du plat et du vin, dans leurs textures réciproques, au cœur de leurs chairs.

Prenons un exemple. *A priori*, la saveur de l'agneau s'accommode bien d'un bandol ou d'un pauillac. Toutefois, si vous braisez une épaule, la chair très tendre et confite entrera forcément en conflit avec les tannins du bandol et durcira le vin, surtout s'il est jeune. En revanche, un carré rôti sera à la fête, sa chair s'avère serrée, comme la matière du vin. Le confit de l'épaule appellera plutôt les notes suaves du pauillac.

3. Les grands accords sont des accords tactiles, de volume et de densité en bouche

Un gourmet trouvera normal de parler de la texture d'un plat, le décrivant comme sec ou onctueux, différenciant le croquant et le croustillant.

“ En matière d'accords entre mets et vins, on se laisse trop souvent mener par le bout du nez et l'harmonie aromatique. On ne fait ainsi qu'empiler des couches d'arômes et cela reste vain. Plat et vin sont alors comme deux personnes qui se croisent et s'éloignent sans se parler, sans nouer d'aventure. L''harmonie se noue en fait beaucoup plus profondément, au cœur du plat et du vin, dans leurs textures réciproques, au cœur de leurs chairs. ”

Un amateur de vin analysera, lui, la texture des tannins ou la colonne vertébrale acide. Le cuisinier doit procéder de même pour faire communier verre et assiette, utilisant les indices de texture, de volume et de structure du vin. Pas de panique, l'exercice est moins compliqué qu'il n'y paraît.
Imaginez côte à côte un saucisson chaud lyonnais et un beaujolais de noble origine, un fleurie. Côté charcuterie, la texture grasse domine. Côté vin, c'est la délicatesse de la matière qui est à l'honneur. Pris ensemble, c'est la catastrophe et le bouquet de fleurs tourne à la couronne mortuaire : le saucisson écrase le vin, le faisant apparaître d'une maigreur absolue. Avec d'autres vins, un saint-joseph rouge plus dense par exemple, ce plat goûteux et gourmand trouvera à qui parler. Le fleurie, quant à lui, préférera une charcuterie plus simple, faisant d'une rosette une rosière...

Avec un jambon persillé, gras et onctueux, on cherchera un vin tout rond, qui roule en bouche. Au contraire, le craquant d'une pastilla s'accordera mal à la rondeur d'une syrah, de même que le foie gras d'une sauce sera agacé par un vin rouge jeune, surtout s'il est tannique.

4. La plupart des accords sont des accords de complémentarité : qui se ressemble s'assemble...

Certains accords s'imposent tout naturellement : la texture serrée d'un jambon d'York braisé fait bon ménage avec la soyeuse fermeté d'un chablis.

Du côté des poissons, on imagine bien que la chair feuilletée d'un cabillaud, le gras d'un saumon, les fibres et la chair compacte d'une lotte n'appelleront pas les mêmes vins.

Une dorade tendre et fine appelle un vin suave que j'irais chercher du côté d'un hermitage blanc, rond et complexe. En revanche, la chair ferme et la texture serrée d'un rouget accepteront un vin rouge, même un peu tannique (un bandol par exemple).

Les viandes connaissent évidemment la même diversité. Le rumsteck possède une texture fibreuse, le filet plus de langueur. Une terrine de foies de volaille n'a pas la même densité qu'une terrine de foies de lapin de même qu'une terrine en purée ne donne pas la même impression en bouche qu'une terrine dans laquelle vous avez laissé des morceaux de viande. A chaque fois, c'est votre palais que vous devrez interroger avant de consulter votre livre de cave.

5. Mais il y a aussi des accords d'opposition

Plat et vin doivent pouvoir se retrouver en pays de connaissance mais aussi jouer sur des oppositions. Une huître grasse pourra épouser un muscadet acide, une préparation culinaire dominée par des notes sèches peut parfaitement se marier avec un vin onctueux et *vice versa*. Les accords se réalisent alors en équilibrant les oppositions, souvent par la médiation d'un tiers. Il peut en effet suffire de modifier un plat avec une sauce crémée pour voir un vin sec et minéral frétiller devant son double inversé. C'est l'unité des contraires : la crème allonge le vin, le poussant à se révéler.
On touche là un des secrets de la cuisine : c'est souvent la garniture, la crème ou la sauce qui permettent l'harmonie, plus que la viande ou le poisson. Permettez-moi alors cette image : la cuisine et le billard ont en commun de se jouer par les bandes, par ricochets...

Le cuisinier doit savoir ausculter son vin

Prenons deux exemples. Au nord du village de Nuits-Saint-Georges, on se dirige vers Vosne-Romanée et l'élégance, avec un climat du type La Richemone. Au sud, on va vers des vins plus puissants, avec un climat du type Les Vaucrains. Chaque vin accompagnera un plat différent.
Voyez ensuite Pauillac : la palette des textures de ces vins est très large, depuis le soyeux et la structure gracile de Pichon-Lalande, le style plus sévère de Fonbadet, la puissance des récents Pichon-Baron, jusqu'à la robustesse des Grand Puy-Lacoste qui va de pair avec une chair gourmande. Là encore, il faudra chercher un plat fécondant l'union avec chaque type de vin.

Trouver un accord parfait, c'est rechercher l'interaction dans le couple, quand le plat épanouit le vin et que le vin relève le plat. En réalité, un bon accord, c'est beaucoup plus que de simplement chercher à ne pas produire de faux goûts. Il faut une fusion, une nouvelle unité.

Le vin légitime alors les différents éléments du plat. Le plat sonde le vin, révélant en lui des ressources inconnues, des arômes insoupçonnés, des talents cachés. Il fait s'aventurer dans la complexité et la structure du vin, en explorateur...

Car un plat peut aussi déshabiller un vin. Haut en couleurs, il soulignera une articulation raidie par l'âge, une chair un peu affaissée, une perte d'énergie, choses qui passent plus aisément en dégustation pure tant les expressions aromatiques peuvent mener le dégustateur par le bout du nez.

**Certains vins
ne se révèlent qu'à table**

Par exemple, le chinon jeune est un vin chaste, bien différent du folklore rabelaisien qu'on lui prête. En dégustation pure, il paraît droit et grave, un peu corseté. Mais, à table, en bonne compagnie (celle des abats par exemple), il s'ébroue, cherche parfois à tirer la nappe à lui. On découvre alors, presque mystérieusement, les principes de la véritable gastronomie : la table anoblit le vin.

Le plat peut le peaufiner (en arrondissant son acidité) ou lui donner les moyens de s'exprimer dans d'autres registres (un beurre d'agrumes servi avec un cabillaud croustillant permettra de taquiner des pouilly-fuissé gras en apportant un supplément de complexité aromatique).
Lorsque l'on a dans l'assiette le même volume, la même densité que dans le vin, on a bâti de solides fondations sur lesquelles on peut ensuite affiner l'accord aromatique.

Tel est le rêve de tout cuisinier soucieux du vin : trouver un accord de texture et de structure et une palette aromatique qui permettent de multiplier la complexité des saveurs du plat.

**A votre tour,
vin en bouche...**

Je vous incite à construire vos plats “vin en bouche”, en prenant conscience de son volume et de sa densité, de la texture de ses ingrédients.

Sur un accord classique, par exemple une viande blanche et un chablis, on peut imaginer qu'une poularde aurait sa place. Si vous avez envie de servir un grand vin mûr, il peut se révéler encombrant et dominateur. En revanche, si vous ajoutez au plat une touche de miel caramélisé et un soupçon de foie gras dans la sauce, le voilà qui s'enrichit et revient à hauteur du plat.

Mâchez différents morceaux de veau. Une côte devrait vous évoquer un chablis mais un tendron braisé à la chair filandreuse vous embarquera plus certainement vers un rouge.

Revenez à la poularde. Un suprême poché restera dans l'univers du blanc mais une cuisse rôtie conviendra plus à celui du rouge, de par sa texture.

Outre l'accord des textures respectives du vin et du plat, je me soucie du volume, de la présence et de la qualité de la matière, du soyeux des tannins des vins rouges. J'aime les vins que l'on mâche, que l'on a envie de manger et qui donnent envie de manger.

J'aime utiliser les différences d'une même appellation. Un champagne issu de chardonnay de la Côte des blancs, sera aérien et fin s'il provient du cru Cramant, il sera plus vineux et plus minéral au Mesnil. Ces vins accompagneront donc des plats différents.

Autre élément essentiel dans la recherche d'un accord : la structure du vin et son acidité, qui apporte les impressions de fraîcheur. C'est souvent ce qui donne l'équilibre général en faisant décoller un plat. Ainsi un chinon à maturité pourra accompagner une daube aux olives noires, tant la fraîcheur du cépage est exceptionnelle.

C'est une des grandes armes du cuisinier : disposer d'un vin mûr mais qui préserve sa fraîcheur.

Une purée de châtaignes semble une bonne idée pour accompagner un canard et un chambertin, mais son côté douceâtre fait ressortir une amertume insoupçonnée dans les vins.

La carotte paraîtra plus sucrée devant un vin rouge. Le croustillant assèche et raccourcit souvent le vin, sauf dans le cas des banyuls et des portos, vins hors normes qui adorent tout ce que les autres détestent.

La tomate fera ressortir les notes lactiques d'un vin et la vanille soulignera un élevage sous bois. Les réductions de sauces au vin accentueront l'acidité du vin.

Enfin, servi trop froid, un vin grince de tous ses tannins alors que trop chaud, il dévoilera son éventuel sucre résiduel.

Certaines habitudes de table sont parfois nocives. Les oignons confits, cornichons et autres *pickles* qui accompagnent souvent une terrine feront broncher un bourgogne rouge. Vin d'arôme, il n'est pas au parfum avec les notes acides et vinaigrées.

En revanche, le détail peut tout changer en bien : le croustillant d'un pain corrigera le gras d'un fromage et lui évitera d'étouffer le vin.

Chaque fois, ce sont vos essais et votre palais qui déjoueront ces pièges.

Cependant, les pièges tendus par les garnitures sont plus sérieux. En effet, c'est souvent la périphérie du plat qui s'avère déterminante. Si l'élément principal doit fournir l'accord de texture, c'est aussi la garniture qui fait le plat, arbitre entre différents vins, joue les entremetteurs, assure la cohésion de l'ensemble, amplifie et prolonge les vins.

Certaines garnitures peuvent casser un accord : des haricots verts croquants font ressortir les tannins, les purées engluent souvent les vins, les champignons récusent les vins jeunes, les sauces font ressortir le boisé, une sauce au basilic s'avère trop exubérante.

D'autres les magnifieront et décideront du vin. Par exemple, des saint-jacques meunière appellent un champagne frais et fin, type Cramant. Mais si je les accompagne d'une crème de champignons de Paris, j'aurais besoin d'un champagne plus plein et plus complexe, donc d'assemblage avec du pinot, et plus vieux.

Un jus d'oignons appellera un vin plus rustique qu'un jus gras, et vous voici passant de l'Hermitage rouge au madiran...

Certaines de mes recettes sont orphelines de garniture mais que cela vous incite surtout à faire vos propres armes...

Quelques derniers petits détails pour vous permettre de faire au mieux vos gammes.

N'oubliez pas que la table est d'abord un plaisir. Les couleurs y ont aussi leur place pour vous aiguiller vers un vin. Imaginez un turbot accompagné d'une sauce à l'encre de seiche : la sauce noire et épaisse rappelle la robe sombre et dense d'un vin de syrah. Vous voilà embarqué vers l'Hermitage.

N'oubliez pas non plus que l'ordonnancement du repas joue. Chaque plat, chaque vin, ne peut s'isoler du précédent. Il doit se choisir dans le profil du repas, son environnement et l'enchaînement des mets et des vins. Il y a un avant et un après chaque service.

Si vous commencez un repas avec un sauternes, vin ombrageux et jaloux, il écrasera le vouvray, même demi-sec, imaginé pour le plat suivant. Il faudra peut-être choisir un plat et un vin occupant d'autres territoires que le sauternes, par exemple un gewurztraminer à la superbe palette aromatique...

Je vous offre donc de partager quelques munitions et quelques règles balistiques : c'est désormais à vous d'en tirer partie...

Alain Senderens

On peut ainsi structurer l'accord gourmand tout en profitant d'une palette aromatique plus large et plus complexe. C'est pourquoi les vins issus de cépages ayant une forte acidité naturelle (genre chenin de la Loire, riesling d'Alsace ou petit manseng du Jurançon) sont si précieux à table.

L'âge du vin a également son importance. Avec un pouilly-fuissé jeune par exemple, on optera pour des poissons à chair ferme et dense, sans sauce. Mais, pour présenter un vin plus vieux, on jouera de la complexité aromatique et de la richesse d'une sauce...

Les grands vins de gastronomie sont souvent plastiques, capables de puiser dans leurs qualités complexes et multiples pour trouver celles qui s'accorderont au plat, modifiant éventuellement la perspective et la perception qu'on en a. Le grand vin est un faire-valoir de la cuisine, un frégoli des fourneaux, un partageux qui fait office de passeur, de trait d'union entre les éléments d'un plat tout en acceptant que celui-ci révèle à son tour les différentes facettes de chaque vin. Il lance des passerelles et tisse des harmonies.

La cuisine met le vin à sa place, tout comme il y a des vins qui appellent un genre de cuisine. Certains vins donnent, d'autres reçoivent mais ils peuvent donner en apportant un surcroît de tendresse ou recevoir en se dépliant lentement au contact du plat.

...puis nez sur le vin

Vous affinerez ensuite votre plat “nez sur le vin”. Selon que vous mettrez dans une sauce des zestes d'orange ou de citron, l'accompagnement d'un chenin ira plutôt chercher son bonheur du côté de Vouvray ou de Montlouis, parce l'on retrouve dans les arômes de ces deux appellations voisines des notes d'agrumes différentes.

Pour un repas au porto, un accompagnement de compote de cerises noires ou de pruneaux vous fera ouvrir un vintage récent, bourré de fruits. Si vous préférez jongler sur la gamme des épices, des plus fines aux plus chaudes, choisissez plutôt le classicisme d'un grand tawny...

Amusez-vous des exercices suivants : prenez un poisson, faites-le cuire et divisez-le en deux portions. Arrosez la première d'huile d'olive, parsemez de fenouil, d'olives et d'herbes aromatiques. Vous trouverez alors une grande harmonie avec un vin blanc de Châteauneuf-du-Pape. L'accord de texture est amplifié par les mêmes notes aromatiques.
Sur la seconde portion, versez une sauce crémée aux champignons. Le nez vous guidera plutôt vers un bourgogne ou un chablis.
Pour un même poisson, la sauce et la garniture vous auront mené vers deux vins différents. Intervertissez les deux accords : je pense que vous grincerez des dents...

Voici deux autres exercices qui vous feront comprendre comment modifier un plat en fonction du choix du flacon :

- une blanquette de veau s'accordera mal d'un vin rouge corsé, surtout s'il est boisé. Elle s'accomodera plutôt d'un vin blanc de Bourgogne. La liaison de la blanquette (jaune d'œuf, crème et citron) permet cet accord. Si vous souhaitez un vin rouge, remplacez le citron par du vinaigre de vin vieux. Pour servir un pinot gris d'Alsace, ajoutez une tombée d'oignons au paprika. Pour un riesling, gardez les oignons, mais assaisonnez-les de cumin. Avec une pointe de curry, c'est un condrieu ou un châteauneuf-du-pape blanc qui s'imposeront...

- l'agneau peut se plaire en compagnie de deux ou trois vins, selon la garniture du plat. Si elle est marquée par l'olive, on ira vers le bandol rouge. Avec du poivron vert, le pauillac s'imposera mais avec du poivron rouge, c'est le chinon qui défendra ses chances au mieux... Essayez et réfléchissez à vos impressions en bouche...

Les petits détails, les sauces et les garnitures, jouent un rôle essentiel dans l'harmonie entre un plat et un vin

J'ai aussi découvert l'importance des détails et des garnitures. Ainsi, une sauce légèrement vinaigrée fera ressortir les tannins d'un vin rouge.

La cave et la table

La cave

Que l'on dispose d'une véritable cave enterrée ou semi-enterrée (dans un immeuble ancien ou une maison particulière), d'un box (dans les immeubles modernes) ou d'un recoin dans son appartement, on peut aménager un espace pour conserver ses vins à condition d'observer quelques principes.

Quelle est la température idéale d'une cave ?
11 °C. Il faut surtout retenir un principe : la température doit être la plus constante possible. Le vin souffre surtout des écarts de température brusques. Pensez-y si vous achetez à la propriété et rapatriez ensuite vos flacons dans le coffre de la voiture. En revanche, une température un peu excessive dans les deux sens (de 5 à 18 °C) mais constante est acceptable.

Quelle est l'influence de la température sur la conservation du vin ?
Une température élevée en permanence accélérera le vieillissement.

Une cave doit-elle être humide ?
Absolument. L'humidité, essentielle pour la bonne conservation du vin, doit être constante et se situer autour de 70%.

Quelles sont les conséquences néfastes de la sécheresse d'une cave ?
En atmosphère sèche, le vieillissement des vins s'accélère. Les bouchons se dessèchent par manque d'humidité et rétrécissent. La bouteille risque de fuir (on dit qu'elle devient "couleuse"), le vin est trop au contact de l'air et s'oxyde.

Comment peut-on pallier la trop grande sécheresse d'une cave ?
Il existe un moyen de fortune : une bassine d'eau saupoudrée de soude caustique pour éviter qu'elle ne croupisse. On peut également envisager l'achat (onéreux) d'un humidificateur.

Une trop grande humidité a-t-elle des conséquences néfastes ?
Oui, sur les étiquettes qui peuvent se décoller ou devenir illisibles. Il est conseillé de les entourer d'un film plastique qui les protégera de l'humidité et de la poussière. Il faut obligatoirement sortir les bouteilles de leurs cartons d'origine (risque de pourrissement et d'odeurs qui se communiqueront au vin au travers du bouchon) et retirer pour les mêmes raisons les éventuels papiers de soie.

Comment pallier une trop grande humidité ?
Avec une bonne couche de sable ou de gravier de rivière.

Une cave doit-elle être aérée ?
Oui. Une atmosphère confinée peut donner de mauvais goût de moisi au vin (au travers du bouchon).
Dans une cave enterrée, un simple soupirail suffit que sera de préférence orienté au nord pour limiter la pénétration de la lumière et de la chaleur. Dans une région exposée aux grands froids, de simples planches en chicane devant l'ouverture éviteront une prise d'air trop directe.
Et, si vous descendez souvent dans votre cave, l'ouverture de la porte suffira à changer l'air. Cependant, il faut également éviter les courants d'air.

La cave peut-elle aussi servir de cellier ou d'entrepôt ?
Non. Toutes les odeurs (oignons, pommes de terre, fromages, bidons d'essence, barils de lessive) risquent de passer dans le vin au travers du bouchon.

Les vibrations sont-elles nuisibles ?
Oui. Elles accélèrent le vieillissement du vin. Cependant, les vibrations faibles (métro, trafic routier, voire machine à laver) auront peu d'influence sur des vins de moyenne garde. En revanche, la construction d'un immeuble ou le percement d'une nouvelle ligne de métro vous conduiront à envisager un déménagement provisoire de vos flacons...

Comment limiter les vibrations ?
Par une bonne isolation.

La lumière est-elle dangereuse pour le vin ?
Oui. Contrairement au raisin, le vin doit être protégé de la lumière qui l'use, surtout quand les bouteilles sont blanches (pour montrer la belle couleur des vins blancs, rosés ou des champagnes). Cela peut se faire très rapidement, en quelques jours. Le vin prend alors un goût rance qu'on appelle d'ailleurs "goût de lumière". Donc, pas d'éclairage *a giorno* dans la cave. La bougie n'est pas pour autant obligatoire...

Peut-on garder du vin dans un box ?
Oui, si on est bricoleur et si on dispose d'un bon budget. Le problème principal est surtout celui de la sècheresse. Il faut isoler le box (polystyrène expansé ou construction de parois isolées par de la laine de verre). Il faudra ensuite assurer la ventilation et vraisemblablement l'humidification, donc prévoir une évacuation d'eau. Attention : les boxes transformés éveillent souvent la curiosité, donc la convoitise, des cambrioleurs!

Peut-on aménager un espace pour le vin dans son appartement ?
Eventuellement oui, si l'on choisit l'endroit le plus frais (éviter la cuisine et ses variations de température) et si l'on est bricoleur. On peut isoler un espace avec du polystyrène ou de la laine de verre. Reste le problème de la sècheresse qui accelérera le vieillissement des vins. On réservera donc ce bricolage aux vins destinés à être bus rapidement.

Peut-on garder du vin quand on n'a pas de cave ?
Oui, en achetant des caves d'appartement. Les modèles sont multiples, plus ou moins sophistiqués, de contenances très variables. Les prix restent relativement élevés. Il faut donc savoir estimer ses besoins réels, de la "cave-relais" pour la consommation courante à la véritable cave d'appartement destinée au vieillissement des vins.

Peut-on aménager une cave dans son garage ?
Dans le cas où votre sous-sol est impraticable mais où vous disposez d'un garage avec de la place, sa transformation n'est cependant pas à conseiller, sauf si celui-ci est enterré. Dans les autres cas, il s'agit de l'endroit de la maison le plus sensible aux variations de température. Néanmoins, certains fabricants proposent des éléments modulaires dotés d'une bonne isolation qui peuvent constituer l'habillement du garage.

Quelles sont les autres solutions pour garder son vin ?
Il existe des caves enterrées pré-installées constituées de modules déjà équipés de casiers de rangement que l'on peut installer dans un trou creusé à cet effet sous sa maison. Il existe également des caves non enterrées pré-installées, avec dispositif anti-vibratoire et groupe de froid. On peut aussi transformer une pièce de sa maison en cave en l'isolant et en la dotant de climatiseur et d'humidificateur. Ces solutions restent onéreuses.

Peut-on louer une cave ?
Oui, surtout dans la région parisienne et cela dans des conditions idéales. Mais ces vins "en pension" ne sont pas facilement accessibles. La solution doit être réservée aux vins ayant besoin d'un réel vieillissement et il faudra prévoir une cave d'appartement approvisionnée régulièrement.

Comment ranger ses bouteilles ?
Jamais dans leurs cartons d'origine qui pourraient pourrir et communiquer de faux goûts au vin. Garder les cartons dans un coin de la cave en vue d'un futur transport a les mêmes inconvénients. Ne pas garder les vins dans leurs caisses en bois : cela reviendrait à les conserver en atmosphère sèche, même si la cave est bien humidifiée. Ces boîtes étant souvent confectionnées avec des bois pas assez séchés, elles peuvent communiquer au vin des goûts de résine. Le rangement se fera de préférence dans des casiers

lourds et stables. Les grilles métalliques sont un pis-aller économique, à condition d'être fixées au mur. Les bouteilles, insuffisamment calées, risquent d'entraîner des chutes en cascade... Les vins se gardent couchés, pour que le vin soit au contact du bouchon et l'empêche de sécher. Seuls les vins mutés (porto et banyuls) se conservent debouts.

Le vin dans la cave

Comment gérer sa cave ?
Avec un "livre de cave" où l'on note les entrées et sorties des grands crus. Cela permet de suivre les stocks qui s'épuisent et de se réapprovisionner à temps. On peut aussi y porter des commentaires de dégustation. Mais cela ne semble nécessaire qu'à partir d'un bon stock de flacons. Les férus d'informatique reporteront tout cela sur leur ordinateur, en utilisant éventuellement un logiciel spécialisé.

Doit-on mettre tous les vins en cave ?
Non. Il faut distinguer les vins de consommation courante ou destinés à la consommation immédiate (dans les mois qui suivent l'achat) de ceux qui doivent être longuement conservés avant d'être bus.

Quels sont les vins à boire rapidement ?
Les vins primeurs, les vins de pays, les VDQS ou petites AOC, les petits millésimes à évolution rapide ou les grandes bouteilles achetées à maturité.

Quels sont les vins à garder ?
Les vins de garde qui ont besoin de mûrir pour arriver à leur apogée, surtout quand ils ont été achetés en primeur pour bénéficier de prix plus intéressants.

Peut-on garder du champagne ?
Oui, si on a une bonne cave. Même après dégorgement, ils sont meilleurs après 3 ou 4 ans et se conservent une bonne dizaine d'années. Les grands millésimes ou les bouteilles des grandes maisons de négoce et des meilleurs vignerons en étonneront plus d'un après une longue conservation, à condition que la cave soit parfaite.

Le service du vin

A quelle température servir le vin ?
Le meilleur vin peut être assassiné s'il n'est pas servi à bonne température. Trop froid (4 à 6°C), un vin blanc ou un champagne sera pétrifié, paraîtra dur et court, un rouge verra ses tannins ressortir sèchement. C'est autour de 8°C à 10°C que vins blancs et champagnes s'expriment le mieux : leurs palette aromatique n'est pas altérée. Les rosés réagissent de la même façon. Suivant leur nature, les vins rouges se servent à différentes températures. Les vins primeurs ou issus de macération carbonique, les vins rouges de la Loire, de Champagne ou d'Alsace, s'apprécient légèrement rafraîchis, autour de 12°C. Ces vins souples, fruités, peu tanniques, ont intérêt à garder leur fraîcheur naturelle.

Pour les autres, la tentation de les servir trop "chambrés" amène bien des déconvenues. Il paraîtront alourdis, avec un alcool dominant. Les vins généreux de Bourgogne ou des Côtes du Rhône ne doivent pas être servis à plus de 16°C. Les vins plus légers en alcool, comme les bordeaux, seront servis aux environs de 18°C. Mais il est vrai que nous avons parfois trouvé qu'un châteauneuf ou un gigondas étaient à leur équilibre aux alentours de 20°C. En fait, c'est souvent la relation avec le plat qui fixera la perception qu'on a de la température du vin. N'oublions surtout pas que, dans une salle à manger normalement chauffée (aux alentours de 20°C), le vin se réchauffe très rapidement dans une carafe et surtout dans un verre. Il vaut donc mieux servir un vin légèrement en dessous de sa température.

Comment rafraîchir un vin ?
Bien sûr, sans y mettre de glaçons, ni le mettre au congélateur même un court moment. Le choc thermique serait impitoyable. Il vaut mieux mettre la bouteille dans un seau d'eau avec quelques glaçons (jamais sur des glaçons seuls, toujours pour éviter le choc thermique).

Comment servir un grand vin ?
Choisir le vin 24 heures à l'avance. Placer la bouteille dans un endroit frais, debout pour que les éventuels dépôts glissent au fond de la bouteille.

Les différents vins de France

Nota bene : *cette classification est forcément schématique car la nuance existe partout, et surtout pour le vin. Par exemple, les bordeaux ont la réputation d'être des vins tanniques de longue garde, mais il existe des bordeaux fruités et souples. L'appellation d'un vin ne constitue tout au plus qu'une présomption de qualité, et donc de style.*

Région	Styles de vins	Température de service	Conservation	Exceptions
Bordeaux rouge	Vins tanniques relativement sévères dans leur jeunesse	16-18 °C	De garde	Bordeaux génériques (garde courte)
Bordeaux blanc	Vins amples, gras	10-15 °C	Moyenne à longue garde	Bordeaux génériques et entre-deux-mers (fruités, à consommer rapidement)
Bordeaux liquoreux	Vins riches, onctueux	7-9 °C	Grande garde	
Bourgogne rouge	Vins voluptueux, très aromatiques	15-18 °C	De garde, mais généralement inférieurs aux bordeaux	Bourgognes génériques (garde courte)
Bourgogne blanc	Vins riches, grande complexité aromatique	13-16 °C	De garde	Bourgogne aligoté, Mâcon villages
Beaujolais	Vins fruités	12-15 °C	Consommation rapide	Certains crus
Loire rouge	Vins fruités et assez tanniques	14-16 °C	Petite garde	Des chinons, bourgueils et saumur-champigny
Loire blanc sec	Vins vifs aux arômes simples	10-13 °C	Consommation rapide	Certains producteurs
Loire blanc moelleux	Vins riches, complexes, de bonne acidité	7-9 °C	Longue garde	
Alsace	Vins très aromatiques	10-13 °C	Consommation rapide	Grands crus, certains producteurs (moyenne à longue garde)
Alsace vendanges tardives	Vins riches, moelleux, aromatiques, bonne acidité	7-9 °C	Longue garde	
Sud-Ouest	Rouges de tanniques à très souples, blancs liquoreux plus vifs que les sauternes	15-18 °	Moyenne garde Grande garde	
Côtes-du-Rhône septentrional rouge	Vins corsés et structurés, au caractère aromatique prononcé	15-18 °C	Longue garde	
Côtes-du-Rhône septentrional blanc	Vins riches, secs et aromatiques	13-16 °C	Longue garde	Condrieu (pouvant être bu jeune ou plus vieux)
Côtes-du-Rhône méridional	Vins chaleureux, ronds, assez alcoolisés	16-21 °C	Garde moyenne	Gigondas, Châteauneuf-du-Pape (grande garde)
Provence	Rouges fruités mais structurés, rosés fruités et souples	15-18 °C	Consommation rapide pour les rosés, garde moyenne pour les rouges	Bandol (grande garde)
Languedoc-Roussillon	Vins structurés et chaleureux	16-21 °C	Petite garde	

Faut-il ouvrir une bouteille avant de la servir ?
Contrairement à ce que l'on pense, ouvrir une bouteille avant le service n'a pas d'influence sur les arômes du vin. La surface du vin en contact avec l'air est trop réduite.

Faut-il la décanter ?
Oui, dans la plupart des cas. Outre la fonction pratique de séparer les dépôts du vin (cela est surtout valable pour les vieux vins, peu filtrés), la décantation exalte les arômes du vin. De plus, les carafes, généralement belles, exaltent les couleurs des vins.

Quelle carafe choisir pour décanter un vin ?
Une carafe à col long et étroit. En faisant doucement glisser le vin le long du col, on l'expose entièrement à l'air, ce qui exalte les arômes. La base, elle, doit être large pour prolonger les effets de l'aération.
Les carafes avec un bec en métal (étain ou argent) sont un cas particulier. Il existe un risque d'odeurs parasites transmises par les produits d'entretien habituellement utilisés pour faire briller le bec. Si toutefois vous utilisez ces carafes, il faudra nettoyer uniquement l'extérieur de la partie métallique avec une brosse à dents et du "brillant breton" et rincer plusieurs fois.

Comment entretenir verres et carafes ?
Pour lutter contre l'entartrage, utiliser de l'esprit de sel (vendu en droguerie) ou du vinaigre. Dans les cas graves, mélanger du vinaigre tiède et des petits morceaux de papier trempés dans de l'eau jusqu'à obtenir une sorte de pâte liquide que l'on dépose dans la carafe. Ajouter des poignées de gros sel, agiter fortement et rincer à l'eau claire. On peut remplacer le gros sel par du sel fin et se contenter de vinaigre sans papier.
Le séchage est délicat. Un torchon, même propre, peut donner des goûts (selon les détersifs utilisés pour son lavage). Le mieux est de laisser les verres sécher à l'air libre. On peut les retourner d'abord sur un linge propre pour retirer le maximum d'humidité.
Un bon truc pour les carafes une fois lavées : fabriquer un tortillon de papier absorbant et le laisser en place 24 heures. L'humidité monte dans la mèche au lieu de rester au fond. Ne jamais reboucher une carafe propre : elle garderait des notes confinées.

Y-a-t-il des principes à suivre pour décanter un vin ?
Oui. La décantation doit être modulée en fonction du vin. Il faut donc connaître son vin avant de le préparer.
Tous les vins jeunes, blancs ou rouges, sont réducteurs dès qu'on les enferme dans une bouteille. Il faut donc les aérer fortement pour débarrasser leur bouquet de toute scorie aromatique (environ 2 heures avant le service).
Les vins liquoreux, auxquels on a ajouté de l'anhydride sulfureux pour bloquer la fermentation alcoolique et garder du sucre, peuvent être décantés 24 heures avant le service.
Les vins vieux, peu tanniques et fragiles, seront aérés juste au moment du service pour séparer la partie claire des dépôts, rapidement pour limiter le contact avec l'air. Le verre fera le reste.
Les vins jaunes du Jura ont besoin d'une longue aération. Quant aux champagnes, faites-vous une opinion vous-mêmes. La décantation leur fait évidemment perdre une partie des bulles, mais le développement du bouquet nous fait pencher pour cette pratique peu reconnue.

Comment choisir son tire-bouchon ?
Eviter les gadgets à aiguille creuse et à pression de gaz carbonique qui peuvent troubler le dépôt du vin (pour les vieilles bouteilles).
Choisir les tire-bouchon à levier (limonadier et sommelier) mais qui font souvent mal aux mains, les tire-bouchon en bois à double-pas ou les systèmes à double-bras qui se relèvent : l'effort pour extraire le bouchon est minime.
Pour les vieux bouchons fragiles, on emploiera un tire-bouchon à double-lame, dont l'utilisation requiert un peu d'entraînement.

Quels verres choisir ?
Des verres fins, transparents, non gravés et sans pieds colorés (même pour boire des vins d'Alsace), disposant d'un gobelet de forme ovoïde ou ronde, haut, avec un bord légèrement refermé pour bien concentrer les arômes.

Les recettes et leurs vins

J'ai rédigé mes recettes de la façon la plus simple possible, en limitant l'emploi de termes techniques. Ceux qui n'ont pas de synonyme courant sont indiqués par un astérisque et expliqués dans le glossaire page 249, en fin d'ouvrage.

Comme je l'ai expliqué dans la préface, la garniture joue un rôle essentiel dans l'accord entre plat et vin : elle le magnifie ou le perturbe. Chaque fois qu'une garniture renforçait l'accord, j'ai indiqué celle qui avait ma préférence. Quand elle n'est pas mentionnée, on aura intérêt à choisir une garniture plus neutre comme des pommes-vapeur ou des pâtes fraîches.

Pour mieux vous guider, j'ai indiqué des temps de cuisson qui ne doivent pourtant pas être suivis aveuglément. Les caractéristiques d'un four, le poids ou l'épaisseur d'une viande font varier les temps de cuisson. Un minuteur est utile mais ne saurait remplacer l'expérience, la surveillance de la cuisson et de discrets sondages à l'aide d'une aiguille à brider.

Amuse-bouches et entrées

Difficulté : *Facile*
Coût : *Modéré*
Préparation : *Prévoir une mise au frais de 3h et 1h de repos pour la pâte à crêpes.*
Cuisson : *30 minutes*
Saison : *Toute l'année*

Roulade de saumon fumé au raifort avec un riesling

Le marché
pour 4 personnes

4 tranches de saumon fumé,
100 g de fromage blanc,
1 bouquet d'aneth,
1 citron,
sel, poivre,
200 g de farine de sarrasin,
1 œuf,
25 g de beurre,
1/4 de litre d'eau,
2 tranches de pain de campagne,
4 œufs de caille,
salade mélangée.

Pour la sauce
au raifort

une cuiller à soupe de purée de raifort,
25 cl de crème fleurette,
5 g de moutarde,
(éventuellement, vinaigre de vin blanc).

Voici une entrée simple, de plaisir, que l'on peut exécuter toute l'année mais que j'aime particulièrement imaginer au printemps. L'aneth et le raifort donnent des notes fraîches, revigorantes. Un riesling jeune, sans sucre résiduel, saura tenir tête à ces fortes saveurs et ouvrir le repas en fanfare.

La cuisine

Laver, sécher et hacher l'aneth. Mélanger avec le fromage blanc, le jus de citron, du sel et du poivre. Mettre au réfrigérateur.

Placer les tranches de saumon sur du papier film étirable, les unes à côté des autres, en les juxtaposant exactement pour obtenir une seule grande surface de saumon.

Etaler une couche de fromage blanc de 2 cm d'épaisseur sur toute la longueur. Replier le saumon en le roulant sur le fromage blanc. Bien tasser pour rendre le boudin dense et compact. Le maintenir serré en l'enveloppant dans le film étirable. Réserver au frais 3 heures.

Faire une pâte à crêpes traditionnelle avec la farine de sarrasin et un quart de litre d'eau. Laisser reposer 1 heure.

➤ **Confection de la crème au raifort :** mélanger dans une casserole la crème fleurette et la purée de raifort. Placer sur feu moyen et faire réduire(*) de moitié. Passer dans une passoire fine (chinois). Ajouter la pointe de moutarde, éventuellement quelques gouttes de vinaigre de vin blanc.

Confectionner une par une des crêpes dans une petite poêle à blinis, casser les œufs de caille sur les crêpes après les avoir retournées. Replier les crêpes en portefeuille, finir la cuisson.

Faire griller au four de fines tranches de pain de campagne. Découper la roulade de saumon en rondelles de 2 cm d'épaisseur et les poser sur les croûtons.

Servir avec une salade mélangée et les crêpes.

Le vin

Avec un riesling, vin blanc d'Alsace, jeune.

Il faut de la fraîcheur et une acidité mûre mais sans sucre résiduel. Sinon, face au raifort et à l'aneth, c'est la Bérésina...

L'accord parfait : un riesling 1993 de Dirler de type floral (du grand cru Saering) ou plus minéral (du grand cru Kessler).

Si vous n'avez pas exactement ces vins, laissez vous guider par ces principes : il faut des vins nerveux et minéraux (sans pour autant qu'ils "minéralisent", c'est à dire sans goût pétrolé d'évolution), que vous trouverez chez d'autres maisons alsaciennes attachées au riesling sec (Trimbach, Léon Beyer, Hering). Vous pouvez explorer d'autres régions, en respectant les principes de base (nervosité et fraîcheur, jeunesse, pas de trop forte expression aromatique, pas de sucre résiduel) du côté des chenins secs et minéraux de la vallée de la Loire ou des jurançons secs du sud-ouest.

Difficulté : *Facile*
Coût : *Bon marché*
Préparation : *Prévoir une marinade de 24 heures et 5 à 6 jours de repos*
Cuisson : *1 heure 30*
Saison : *Toute l'année*

Terrine de foies de lapin avec un saumur-champigny

Le marché pour 4 personnes

600 g de foies de lapin,
250 g d'échine de porc,
250 g de poitrine de porc fraîche coupée en morceaux,
une crépine de porc,
1 dl d'huile d'olive pas trop forte,
1 gousse d'ail,
2 œufs battus,
2 pincées de quatre-épices,
2 feuilles de laurier,
2 brins de thym,
1 pincée de sucre,
sel et poivre.

Cette préparation est simple, très parfumée, avec un goût puissant et persistant en bouche. Sa texture ferme conduira à choisir un vin rouge gourmand, dense et surtout sans sécheresse. Ainsi les matières fusionneront-elles. Si le vin lui fait bien la courte-échelle, le plat se donnera à 120%.

La cuisine

La veille, confectionner la marinade avec l'huile d'olive, l'ail, le thym, le laurier, la pincée de quatre-épices, le sucre, le sel et le poivre. Mettre à mariner pendant 24 heures les foies de lapin préalablement dénervés, l'échine et la poitrine de porc.

Faire dégorger la crépine en la plongeant une nuit dans un récipient rempli d'eau froide.

Le lendemain, escaloper les foies de lapin en tranches épaisses, passer la poitrine de porc au hachoir (grosse grille) et hacher l'échine de porc au couteau.

Mettre le tout dans un saladier, ajouter les œufs battus et le jus de la marinade préalablement filtré. Rectifier l'assaisonnement.

➤ Tapisser la terrine de crépine, ajouter la farce et bien tasser. Mettre sur le dessus les feuilles de laurier et le thym de la marinade. Recouvrir de la crépine. Faire cuire au bain-marie dans un four à 160 °C (thermostat 5) pendant environ 1 heure 30.

Après la cuisson, mettre légèrement sous presse.

Laisser reposer cinq à six jours au réfrigérateur avant de consommer.

Le vin

Avec un saumur-champigny, vin rouge de la vallée de la Loire.

Le cépage cabernet franc, venu de Bordeaux, est également cultivé dans la vallée de la Loire. Il apporte à la fois le soyeux et la netteté qui empêcheront la bouche de s'empâter. Il ne devra pas être trop jeune car sa probable impétuosité risquerait de surenchérir sur la terrine. Une petite pointe animale fournira en revanche une connivence aromatique supplémentaire.

L'accord parfait : un saumur-champigny Les Poyeux 1990 des frères Foucault, choisi pour le soyeux de ses tannins, sa maturité et son équilibre.

Vous pouvez également essayer des syrahs du nord de la vallée du Rhône, en les choisissant assez souples (type Côte-Rôtie).

Difficulté : *Facile*
Coût : *Bon marché (si on a fait la veille, ou si on a prévu pour le lendemain, un plat utilisant la queue de homard)*
Préparation : *45 minutes*
Cuisson : *30 minutes*
Saison : *Toute l'année*

Gâteaux de foies blonds de volaille aux deux sauces avec un sauternes

Le marché
pour 4 personnes

Pour les gâteaux
250 g de foies de volaille,
150 g de lait,
80 g de moelle,
1 échalote hachée,
1/4 de gousse d'ail,
1 cuiller et demie à soupe de persil haché,
2 jaunes d'œuf et 1 œuf,
sel, poivre.

Pour la sauce au bacon
150 g de bacon,
1 échalote,
2 cuillers à soupe de vinaigre de vin,
1/4 de litre de crème fleurette, un peu de beurre.

Pour la sauce au homard
2 échalotes,
garniture aromatique (thym, laurier, carotte)
1/2 gousse d'ail,
5 dl de crème fleurette,
2 dl de sauternes,
20 g de beurre pour le beurre corail et un peu de beurre pour faire revenir la garniture.

Un plat haut en couleur et en goût, construit sur un paradoxe : l'extrême complexité et la finesse du vin s'allient avec l'aspect populaire du plat. Le sauternes 1953 vaut une fortune, mais dans l'assiette, il y en a pour quatre sous. Le ver de terre est amoureux d'une étoile...

La cuisine

Préparation de la sauce au bacon : faire suer(*) dans du beurre une échalote hachée, ajouter le bacon coupé en petits morceaux. Ajouter le vinaigre de vin. Réduire à sec(*). Ajouter la crème et faire cuire environ 20 minutes. Donner un coup de mixeur puis filtrer dans une passoire fine (chinois). Assaisonner.

Préparation de la sauce au homard : la queue détachée et pochée a servi ou servira pour une salade. Récupérer le corail à l'intérieur de la tête. Concasser au pilon les pattes et le coffre. Faire suer dans du beurre les deux échalotes hachées, l'ail, la garniture aromatique et les éléments concassés du homard. Ajouter 20 cl de sauternes, flamber(*) pour diminuer l'acidité et faire réduire(*) de moitié. Ajouter la crème et faire réduire(*) de 3/4. Passer dans une passoire fine (chinois) en pressant fortement.

➤

➤ Pendant ce temps, monter vigoureusement au fouet un beurre corail en mêlant 20 g de beurre ramolli et le corail du coffre. L'incorporer au reste de la préparation.

Allumer le four à 180 °C (thermostat 5). Mixer ensemble tous les ingrédients des gâteaux et les mouler dans les ramequins. Faire cuire au four pendant environ 12 minutes.

Retourner les gâteaux sur une assiette. Servir avec les sauces autour.

Le vin

Avec un sauternes (vin liquoreux de Bordeaux) évolué, riche et marqué par le botrytis, ce champignon qui concentre la richesse en sucre et les arômes des cépages blancs.

Il faut un vin concentré et moelleux pour se marier à l'onctuosité du foie. Il sera finement botrytisé pour équilibrer les saveurs fortes du plat et des deux sauces.

L'accord parfait : un sauternes Château Guiraud 1953, réalisé en 1985.

Les sauternes et barsac de 1988 donnent également de bons résultats (ce sont deux millésimes d'années chaudes, donnant des vins puissants). Les meilleurs sainte-croix-du-mont (autre appellation de Bordeaux, mais située de l'autre côté de la Garonne) répondant aux critères de concentration et de botrytis sont également possibles (dans ce cas, on peut les rechercher dans les millésimes un peu plus récents, 1989 et 1990).

On évitera les liquoreux à structure acide (Jurançon du Sud-Ouest et Riesling d'Alsace) qui accentuent l'amertume des foies.

Difficulté : *Facile*
Coût : *Bon marché*
Préparation : *20 minutes*
Cuisson : *30 minutes pour préparer la sauce*
Saison : *Toute l'année*

Œuf en meurette avec un morgon

Le marché
pour 4 personnes

1 sachet de fond de veau lyophilisé, persil plat.

Pour les œufs pochés
1 litre d'eau, 2 dl de vinaigre de vin, 8 œufs.

Pour la réduction de vin rouge
1 litre de vin rouge, 1 gousse d'ail, 20 g de carottes, 10 g d'oignons, 20 g de poireaux, 20 g de sucre.

Pour la garniture meurette
250 g de lardons taillés très fins, 250 g d'oignons grelots, 250 g de champignons de Paris, 1 cuiller à café de sucre en poudre.

Sauce meurette
50 cl de réduction(*) de vin rouge, 50 cl de fond de veau, sel, poivre blanc.

Pour les croûtons frits
4 tranches de pain grillé, 50 g de beurre.

Une recette traditionnelle, facile à réaliser si l'on sait déjouer ses pièges. La concentration de la réduction renforcera également son acidité. Il faut donc un vin parfaitement mûr, gras, aromatique. La concentration le transformera alors en un véritable bouquet de fleurs...

La cuisine

Préparer le fond de veau selon le mode d'emploi.

Préparation de la réduction de vin rouge : dans une large casserole, faire suer(*) les carottes, les oignons, les poireaux, l'ail. Ajouter le vin et porter à ébullition, flamber(*) pour faire baisser l'acidité. Ajouter le sucre. Réduire(*) de 3/4 en veillant à ce que le vin frémisse à peine (sinon la sauce s'oxydera et deviendra marron).

Préparation de la sauce meurette : mélanger 50 cl de réduction de vin rouge et 50 cl de fond de veau. Assaisonner de sel et de poivre blanc si nécessaire. Garder au chaud.

Préparation de la garniture : faire blanchir les lardons 1 minute dans une eau à ébullition, les rafraîchir sous un filet d'eau froide. Les faire sauter dans un peu d'huile et de beurre sur feu vif pour les rendre croustillants. Egoutter sur un papier absorbant et réserver(*). Peler les oignons grelots, les couvrir d'eau dans une sauteuse, ajouter une noix de beurre, une cuillerée à café de sucre. Porter à ébullition et laisser réduire à sec(*).

Ajouter une noix de beurre, saupoudrer de sucre en poudre et caraméliser sur feu moyen. Faire revenir les champignons de Paris coupés en 4 dans un peu d'huile et de beurre pour les colorer. Assaisonner et réserver.

Pochage des œufs : porter l'eau et le vinaigre de vin à ébullition puis baisser l'intensité du feu jusqu'à obtenir un léger frémissement. Casser les œufs un par un dans un petit bol, les faire glisser doucement dans l'eau et pocher pendant environ 3 minutes. Egoutter sur un papier absorbant.

Finition et présentation : ajouter, au fouet, 10 g de beurre à la sauce meurette pour l'adoucir. Faire griller le pain. Placer chaque œuf poché sur une tranche de pain grillé dans les assiettes de service. Napper de sauce et garnir de lardons, petits oignons et champignons de Paris. Parsemer de persil haché et servir immédiatement.

Le vin

Avec un beaujolais Morgon.
Il faut un vin franc et vif, large d'épaules, dense et bien appuyé sur des tannins fins. L'acidité des beaujolais est un élément appréciable en cuisine, en particulier pour accompagner les sauces au vin, à condition de veiller à la concentration de l'acidité par la réduction. Il faut donc un vin bien mûr.

L'accord parfait : avec un morgon 1993 de Marcel Lapierre.

Si vous n'avez pas ce vin, vous pouvez essayer d'autres crus du Beaujolais, type Moulin à Vent, y compris dans un millésime plus jeune comme le 1997, plein et mûr. Dans tous les cas, attention à la température de service (environ 15°C), sinon les tannins, associés à l'acidité, paraîtront particulièrement durs. Ce sont aussi des vins, surtout s'ils sont jeunes, qui ont besoin de s'aérer pour se confronter avec bonheur au monde extérieur.

Difficulté : *Facile*
Coût : *Modéré*
Préparation : *20 minutes*
Cuisson : *10 minutes*
Saison : *Automne et hiver*

Huîtres chaudes à la fondue de poireaux avec un champagne

Le marché
pour 4 personnes

36 grosses huîtres creuses,
350 g de poireaux taillés en fine julienne(*),
3 échalotes hachées finement,
1 dl de champagne,
250 g de beurre,
curry en poudre,
sel, poivre blanc,
1/2 botte de ciboulette ciselée finement,
algues ou gros sel (pour la présentation).

Légèrement chaudes, les huîtres accentuent leur goût et entrent dans le domaine de la gastronomie. Si elles ne sont pas trop grasses, elles appellent un champagne de caractère. Elles sont ouvertes à plusieurs propositions de vins, du plus minéral au plus friand, en restant dans le monde du vin blanc sec.

La cuisine

Préparation des huîtres : les ouvrir au-dessus d'un récipient pour récupérer leur eau. Les détacher de leur coquille inférieure, les garder dans leur eau. Ajouter quelques gouttes de champagne (et un peu d'eau s'il n'y a pas assez de liquide pour les couvrir). Conserver les coquilles inférieures après les avoir grattées. Les faire sécher au four à 150 °C (thermostat 4).

Préparation des poireaux : porter une casserole d'eau salée à ébullition, y plonger 1 minute les poireaux taillés en fine julienne(*). Passer sous l'eau froide, égoutter et placer sur un papier absorbant.

Préparation de la sauce : poser sur feu moyen une petite casserole contenant 1 cuiller à soupe de beurre. Quand le beurre est chaud, ajouter les échalotes hachées et les faire fondre jusqu'à ce qu'elles deviennent transparentes, mais sans les colorer. Ajouter 1
e champagne, quelques gouttes d'eau des huîtres et faire réduire

➤ jusqu'à ce qu'il reste 1 cuiller à café de liquide. Ajouter le beurre en fouettant sans arrêt pour obtenir une sauce lisse et onctueuse. Assaisonner (sel, poivre, quelques pincées de curry en poudre). Garder la sauce au bain-marie.

Cuisson des huîtres : passer le jus des huîtres dans une fine passoire (chinois) et porter à ébullition. Baisser l'intensité du feu, plonger les huîtres en prenant soin de ne pas les faire se chevaucher et pocher pendant environ 2 minutes. Pocher en plusieurs fois si la casserole n'est pas assez grande. Egoutter les huîtres sur un papier absorbant.

Finition et présentation : décorer les assiettes ou le plat de service d'algues. Y placer les coquilles d'huîtres chaudes. A défaut d'algues, on peut caler les huîtres sur du gros sel. Réchauffer la sauce si nécessaire, y ajouter la fondue de poireaux. Placer les huîtres pochées dans les coquilles. Napper les huîtres de la sauce aux poireaux. Saupoudrer de ciboulette ciselée(*) et servir aussitôt. On peut remplacer les huîtres par de grosses moules d'Espagne. Dans ce cas, il faudra un champagne plus vif.

Le vin

Avec un champagne de la Côte des blancs. Il faut un vin très fin, nerveux et vif, aérien (surtout pas trop dosé).

L'accord parfait : un blanc de blancs 1990. On choisira un cru Mesnil si on aime les champagnes minéraux (par exemple de la maison Moncuit) ou un cru Cramant si on souhaite plus de rondeur (par exemple de la maison Lilbert).

Si vous n'avez pas ces vins, vous resterez sur les mêmes lignes directrices —minéral ou tendresse— dans un millésime plus récent mais mûr (1991 ou 1993) des meilleurs producteurs de ces deux terroirs.

Difficulté : *Très facile*
Coût : *Bon marché*
Préparation : *20 minutes*
Cuisson : *5 minutes*
Saison : *Toute l'année*

Brochettes de lapin avec un champagne

Le marché pour 4 personnes

1 râble de lapin (demander au boucher de le désosser),
150 g de poitrine fumée débarrassée de sa couenne et des cartilages,
5 cuillers à soupe de sauce de soja,
100 g de beurre,
3 cuillers à soupe de champignons de Paris coupés en petits cubes,
sel, poivre blanc,
un peu d'huile d'arachide et de beurre.

Prévoir des brochettes en bois et des cassolettes pour servir.

J'aime cette mise en bouche qui associe dans la légèreté des notes aromatiques, fumées et campagnardes. On doit la mâcher pour sentir la texture ferme des chairs. Elle fait découvrir qu'il n'y a pas "un" mais "des" champagnes, tous différents. Comme tous les autres vins...

La cuisine

Préparation des brochettes : désosser le râble, le couper en cubes de 1 cm environ. Couper la poitrine fumée débarrassée de sa couenne et des cartilages en petits cubes de 0,5 cm environ. Les plonger dans une casserole d'eau froide posée sur feu vif et porter à ébullition pendant 1 minute pour les blanchir. Passer sous l'eau froide, égoutter et faire revenir à la poêle dans une cuiller à café d'huile et une noisette de beurre. Egoutter sur un papier absorbant.

Assembler sur les brochettes en les alternant 3 dés de lapin et 2 dés de poitrine fumée par brochette.

Préparation de la sauce : poser sur feu vif une casserole à fond épais contenant la sauce de soja et faire réduire(*) d'1/3. Ajouter morceau par morceau le beurre en remuant vivement à l'aide d'un fouet. Saler et poivrer si nécessaire et réserver(*).

➤ **Finition et dressage :** Poêler les brochettes dans un peu d'huile et de beurre sur feu très vif. Egoutter sur un papier absorbant.

Verser un peu de sauce au fond de chaque cassolette, poser la brochette dessus, parsemer de dés de champignons crus et servir immédiatement.

Le vin

Avec un champagne blanc de blancs, issu de chardonnay et de la Côte des blancs (région d'Epernay), un peu évolué.

Il faut un champagne peu dosé, fin, avec du caractère. La fraîcheur doit venir équilibrer les notes d'évolution.

L'accord parfait : un champagne blanc de blancs Alex de Saint-Yves Grand cru 1982 de Montcuit.

On peut également essayer d'autres champagnes de la côte des blancs dont l'origine (Avize, Le Mesnil) les fait évoluer lentement tout en préservant leur fraîcheur. On recherchera dans tous les cas des vins vineux (les champagnes d'apéritif, type Cramant, se font en effet bousculer par la préparation). En revanche les blancs de blancs de la montagne de Reims ont souvent trop de puissance.

Difficulté : *Facile*
Coût : *Bon marché*
Préparation : *40 minutes*
Cuisson : *30 minutes*
Saison : *Toute l'année*

Terrine chaude de poisson avec un champagne

Le marché
pour 4 personnes

Pour la terrine
200 g de filet de colin (merlu) et 130 g de filet de brochet (demander à votre poissonnier de préparer le poisson pour obtenir les quantités nécessaires de chair de poisson débarrassées de la peau et des arêtes),
160 g de beurre à température ambiante,
1/2 l de crème fraîche,
30 g de champignons de Paris,
20 g d'échalotes,
1 œuf entier,
1 cuiller à café de ciboulette hachée et 1 cuiller à café de cerfeuil haché,
11 g de sel, 2 g de poivre blanc, 1 pointe de poivre de Cayenne.

Pour le beurre blanc
130 g de beurre,
35 g d'échalotes,
1,5 dl de vin blanc,
0,4 dl de vinaigre de vin blanc.

Trop souvent sèche, cette préparation est délicieuse si elle arrive à rester moelleuse. Elle permet surtout, en jouant sur les garnitures, d'épouser des champagnes très différents.

La cuisine

Préparation de la terrine : allumer le four et faire chauffer à 200 °C (thermostat 6). Préparer un plat à bords hauts rempli d'eau pour le bain-marie. L'eau devra arriver à mi-hauteur. Passer les filets des poissons au mixeur afin d'obtenir une pâte très lisse.

Eplucher les échalotes, les hacher finement. Nettoyer les champignons pour éliminer le bout terreux, les laver rapidement sous un filet d'eau et les couper en petits dés de 1 cm de côté environ.

Dans un saladier, mettre la pâte de poisson, les échalotes hachées, les herbes hachées, les dés de champignons, 1 œuf entier, la crème fraîche et 150 g de beurre ramolli. Assaisonner (11 g de sel, 2 g de poivre blanc et 1 pointe de couteau de poivre de Cayenne). Mélanger bien pour obtenir une préparation lisse et homogène.

Cuisson de la terrine : beurrer la terrine avec 10 g de beurre. Verser la préparation. Couvrir la terrine, la poser dans le bain-marie bouillant et glisser le tout au four. Faire cuire pendant 30 minutes.

➤ Pour vérifier la cuisson de la terrine, enfoncer au centre une aiguille à brider(*), si l'aiguille ressort chaude, la terrine est cuite.

Confection du beurre blanc : peler les échalotes, les hacher finement. Porter sur une plaque électrique (thermostat 4), une casserole contenant 10 g de beurre. Ajouter les échalotes et les faire fondre jusqu'à ce qu'elles deviennent transparentes sans se colorer.

Ajouter le vin blanc et le vinaigre de vin, mélanger et réduire(*) pendant 15 minutes environ. Il ne doit rester dans la casserole qu'une cuiller à soupe de liquide. Baisser le thermostat de la plaque à 2 et, morceau par morceau, incorporer le beurre (120 g) au fouet pour obtenir un beurre blanc bien lisse et homogène. Assaisonner de 2 pincées et demie de sel et de 3 tours de moulin de poivre. Passer la sauce à travers une passoire fine (chinois) posée sur la saucière.

Servir chaud avec le beurre blanc.

Le vin

Avec un champagne de la côte des blancs (la région d'Epernay, qui cultive le chardonnay).
Il faut un vin nerveux (pour tenir tête à l'acidité du beurre blanc), issu de chardonnay. Il doit associer chair et vivacité.

L'accord parfait : un champagne Delamotte 1990.

Si vous n'avez pas ce vin, choisissez l'accompagnement en fonction des ressources de votre cave en restant dans le domaine des champagnes de la région d'Epernay. Les pommes fruits taillées en bâtonnets avec un cramant plus rond (par exemple un Lilbert 1990), les champignons de Paris en julienne(*) avec un Montcuit 1989 du Mesnil. Dans tous les cas, on reste sur de grands millésimes très mûrs, encore peu évolués et surtout peu dosés.

Difficulté : *Facile*
Coût : *Bon marché*
Préparation : *45 minutes*
Cuisson : *20 minutes*
Saison : *Eté*

Tartelettes fines à la tomate avec un côte-du-rhône-villages Cairanne rouge

Une préparation toute simple, pleine de joie, de soleil et de notes aromatiques qui permettra aux meilleurs vins du sud de la vallée du Rhône, injustement négligés, de montrer leur séduction.

Le marché pour 6 tartelettes

Un rouleau de pâte feuilletée toute prête,
6 tomates moyennes bien mûres,
1 bouquet de basilic,
1 branche de romarin,
1 branche de thym,
1 feuille de laurier,
zeste d'orange,
1 clou de girofle,
2 gousses d'ail dans leur peau,
1 jaune d'œuf pour dorer la pâte,
huile d'olive,
sel, poivre.

La cuisine

Etaler la pâte. Découper 6 petits disques à l'aide d'une tasse à thé renversée. Travailler les chutes de pâte au rouleau à pâtisserie et les étirer en une longue bande étroite. Badigeonner le bord des disques d'un peu d'eau et coller une petite bande pour former un rebord.

Ebouillanter les tomates, les peler et les épépiner. Les couper en quartiers et les faire fondre doucement dans de l'huile d'olive avec tous les ingrédients aromatiques, sauf le basilic, pendant 30 minutes. Préchauffer le four à 200 °C (thermostat 6).

Etaler la préparation de tomates (après avoir retiré tous les aromates ayant servi à la cuisson) sur chaque fond de tarte. Passer le bord au jaune d'œuf à l'aide d'un pinceau pour obtenir à la cuisson une belle couleur dorée. Enfourner et laisser cuire 20 minutes.

Parsemer les tartelettes de basilic haché au moment de servir.

Le vin

Avec un joli rouge du sud de la vallée du Rhône, jeune et fruité.

L'accord parfait : un côtes-du-rhône-villages Cairanne rouge de Marcel Richaud dans un (bon) millésime récent.

D'autres vins à découvrir dans cette région vous proposeront un égal plaisir avec ce plat simple, savoureux et fort en goût : cairanne de l'Oratoire Saint-Martin, vacqueyras des Amouriers, costières-de-nîmes de Mourgues du Grés, simple côtes-du-rhône de la Réméjeanne, côtes-du-ventoux du domaine de Fondrèche. Autant de vins qui savent, parmi d'autres à découvrir, conjuguer plaisir immédiat du fruit et rigueur de l'équilibre.

Difficulté : *Facile*
Coût : *Elevé*
Préparation : *10 minutes*
Cuisson : *3 minutes*
Saison : *Hiver*

Ormeaux sautés meunière avec un puligny-montrachet

Le marché
pour 4 personnes

16 ormeaux,
2 échalotes,
150 g de beurre,
persil,
200 g de champignons de Paris,
2 cuillers à soupe d'huile d'olive,
sel et poivre.

Un coquillage rare et négligé associé à un grand vin de chardonnay pour une préparation-éclair et une descente à la cave qui semble improvisée. Avec l'air de ne pas y toucher, les grandes armes de la séduction se déploient et ça décoiffe. Le vin et le plat s'en vont bras dessus, bras dessous, dans une java chaloupée...

La cuisine

Sortir les ormeaux de leurs coquilles. Les laver, les placer dans un torchon et les taper à l'aide d'un rouleau pour les attendrir. Les escaloper.

Hacher le persil. Laver les champignons de Paris. Enlever le bout terreux et couper les champignons en petits cubes.

Faire chauffer l'huile dans une sauteuse, y mettre les ormeaux escalopés à sauter 2 à 3 minutes pour les deux faces, ajouter le beurre, les échalotes émincées, laisser suer(*) 1 minute.

Ajouter le persil haché.

Placer les ormeaux sur un plat chaud. Saler, poivrer et éparpiller dessus les dés de champignons crus.

Le vin

Avec un puligny-montrachet (bourgogne de la Côte de Beaune) jeune.

Voici une des rares préparations pour laquelle nous vous conseillons d'employer un grand bourgogne blanc encore jeune, même boisé, pour tenir tête aux excès aromatiques de la préparation.

L'accord parfait : un puligny-montrachet 1995 Clos de la Garenne de Louis Jadot.

Son boisé encore très présent peut sembler lourd en dégustation pure. Mais le chardonnay montre une fois de plus ses affinités avec le beurre et les champignons de Paris.

Si vous n'avez pas ce vin, choisissez celui qui acceptera de s'encanailler avec des échalotes presque confites dans le suc de cuisson, de fricoter avec du persil, d'épouser des champignons sans voir pousser des boutons. Il doit avoir du coffre, mais les grands vins ont les épaules larges...

Difficulté : *Facile*
Coût : *Bon marché*
Préparation : *15 minutes*
Saison : *Printemps/été*

Tartare de thon avec un costières-de-nîmes rosé

Le marché pour 4 personnes

400 g de thon frais,
1 citron non traité,
2 cuillers à soupe de gingembre rose haché,
1 gros oignon nouveau,
2 cuillers à soupe de câpres hachées,
1 cuiller à soupe de persil haché,
1 cuiller à soupe de coriandre hachée,
2 cuillers à soupe de mayonnaise à l'huile d'arachide,
2 cuillers à soupe de cornichons Malossol hachés,
sel, poivre,
tabasco,
2 cuillers à soupe de vert d'oignon émincé.

Accompagnement
60 g de pourpier,
huile d'olive,
pain de campagne,
gros sel.

Une préparation toute simple qui évoque le bord de mer, relevée et épicée comme on ne peut l'oser qu'en vacances... Il faut lui trouver un vin qui ne manque pas d'estomac.

La cuisine

Couper le thon en tout petits cubes. Prélever le zeste du citron, le blanchir (plonger 2 minutes dans l'eau bouillante), l'éponger et le hacher. Peler et émincer l'oignon.

Mélanger tous les ingrédients sauf le thon. Saler, poivrer. Ajouter quelques gouttes de tabasco, puis le thon. Mélanger parfaitement.

Servir avec le pourpier assaisonné d'huile d'olive et de gros sel, avec des tranches de pain de campagne grillées.

Le vin

Avec un costières de Nîmes, vin du sud de la vallée du Rhône, rosé.

On reste dans le domaine des vins de vacances, aimés sur un coup de foudre devant le balancement des barques dans le port... tout en se demandant si ce vin supportera une dégustation à tête reposée.

L'accord parfait : un costières-de-nîmes rosé du Château Mourgues du Grès.

Malossol, câpres, coriandre, tabasco et tutti quanti... le vin supporte la charge grâce à son coffre et sa suavité. Il apporte ses propres notes d'épices et de poivre.

Si vous ne connaissez pas ce domaine exemplaire de la vallée du Rhône sud, vous pouvez parer au plus pressé avec les meilleurs tavels, autre appellation du sud de la vallée du Rhône produisant uniquement des rosés, mais particulièrement corsés, ou les rouges légers de la région privilégiant le cépage syrah, fruité et poivré.

Difficulté : *Facile*
Coût : *Bon marché*
Préparation : *15 minutes*
Cuisson : *3 minutes*
Saison : *Toute l'année*

Croque-monsieur au chorizo avec un côtes-du-jura blanc

Le marché

Pain brioché,
chorizo coupé en rondelles,
gruyère râpé,
beurre.

Prévoir un appareil à croque-monsieurs.

Une autre préparation toute simple mais dont le moindre mérite n'est pas de faire découvrir un vin du Jura, trop méconnu.

La cuisine

Prendre une tranche de pain brioché, la beurrer.
Etaler les rondelles de chorizo sur toute la surface.
Couvrir d'une bonne couche de gruyère râpé.

Recouvrir d'une tartine de beurre (côté beurré à l'intérieur).
Retirer soigneusement la croûte du pain tout autour du sandwich.

Faire chauffer un appareil à croque-monsieurs, y placer la préparation.

Laisser cuire 3 minutes environ pour que le croque-monsieur soit bien doré. Le couper en quatre.

Servir chaque bouchée piquée sur un bâtonnet en bois.

Le vin

Avec un côtes-du-jura blanc. En fait, cette préparation basique demande beaucoup au vin. Il doit avoir de la fraîcheur pour équilibrer le fromage fondu et grillé ainsi qu'une forte présence aromatique pour tenir tête au chorizo chaud.

L'accord parfait : avec un côtes-du-jura blanc 1994 de Rolet Père et fils. Il faut un vin de caractère avec de la fraîcheur et aromatiquement bien présent, dans un millésime assez jeune pour ne pas avoir de notes d'évolution.

Si vous n'avez pas ce vin, ou si vous êtes réfractaires aux vins du Jura (malheureusement) essayez un bon mâconnais (vin de Bourgogne, injustement méconnu) concentré, jeune et vif.

Coquillages crustacés et poissons

Difficulté : *Facile*
Coût : *Bon marché*
Préparation : *20 minutes*
Cuisson : *10 minutes*
Saison : *Toute l'année*

Mouclade avec un sancerre blanc

L'iode, le beurre, le safran et l'ail sont des juges de paix sans pitié. Il faut un vin qui ait de la vivacité de corps et d'esprit, mais aussi de la rondeur. Ce sera alors un petit marquis bien en cour...

Le marché pour 4 personnes

3 litres de moules de bouchot,
1/2 gousse d'ail hachée,
2 cuillers à soupe de persil haché,
1 cuiller à soupe de farine,
150 g de beurre ramolli à température ambiante,
2 pincées de safran,
150 g de crème fraîche.

La cuisine

Nettoyer les moules en les grattant.

Les placer à feu vif dans une marmite couverte pour les ouvrir.
Garder le jus après l'avoir passé au travers d'un linge fin.
Le faire réduire(*) à petit feu de moitié.
Ajouter la crème et le safran.

Faire cuire doucement.

Malaxer à la fourchette l'ail, le persil, la farine et le beurre.
Ajouter ce mélange au jus des moules et faire cuire jusqu'à obtenir une sauce crémeuse.

Ajouter les moules après avoir retiré les coquilles supérieures.

Réchauffer et servir aussitôt bien chaud.

➤

Le vin

Avec un sancerre blanc, vin de la vallée de la Loire donnant des vins vifs à partir du cépage sauvignon.

Il ne doit pas être trop jeune sous peine de faire ressortir les notes herbacées presque toujours présentes en arrière-plan dans un sauvignon, même mûr.

L'accord parfait : avec le sancerre blanc 1992 Galinot de Gitton Père et fils.

Les sancerres jeunes et nerveux conviennent aux moules marinières, mais la mouclade réclame des vins plus mûris et surtout plus ronds, ayant même une pointe de sucre résiduel.

La cuvée Galinot, issue de terroirs à silex, est dense et riche et réalise un accord charnel dans l'opulence, style Rubens. Ce vin puise dans la préparation une nouvelle jeunesse et un punch qui le font virevolter.

Si vous n'avez pas ce vin, essayez la cuvée Larray (issue de sols calcaires) des mêmes propriétaires, des sancerres plus vieux ou passez à l'est avec un pinot gris alsacien.

Si vous n'avez pas froid aux yeux, vous pouvez aller, à l'autre bout de la vallée de la Loire, jusqu'aux muscadets évolués.

Difficulté : *Facile*
Coût : *Elevé*
Préparation : *15 minutes*
Cuisson : *5 minutes*
Saison : *Hiver*

Saint-Jacques à la crème de cèpes avec un champagne

Le marché
pour 4 personnes

12 Saint-Jacques,
400 g de cèpes,
75 cl de crème fleurette,
50 g d'échalotes grises,
beurre,
sel et poivre,
jus de citron.

Un bon exemple de construction d'un plat "nez sur le verre". Aérien et lumineux, il appelle le champagne. Saint-Jacques et champignons de Paris feraient pencher vers un chardonnay mais la crème et les cèpes ont aussi leur mot à dire et font s'orienter versun champagne d'assemblage, corsé par le pinot.

La cuisine

Préparation de la crème de cèpes : nettoyer les champignons, couper les chapeaux, garder les queues pour la sauce.

Faire suer(*) les échalotes émincées(*).
Quand elles deviennent transparentes, ajouter les queues de cèpes émincées(*).
Ajouter la crème. Faire réduire(*) des deux-tiers.
Assaisonner (sel, poivre, quelques gouttes de jus de citron).
Passer dans une passoire fine (chinois) et garder au chaud au bain-marie.

Préparation des Saint-Jacques : décortiquer, laver les Saint-Jacques en gardant le corail. Les sécher sur un linge. Assaisonner de sel et de poivre. Les couper en deux dans le sens de l'épaisseur. Les poêler au beurre rapidement. Elles doivent rester tièdes à l'intérieur et devenir translucides.

➤ Faire une julienne(*) avec les chapeaux de cèpes. Les sauter à la poêle. Remplir les coquilles des Saint-Jacques et les napper de crème de cèpes.

Servir les Saint-Jacques avec la julienne(*) de cèpes.

Le vin

Avec un champagne.

Il doit être aérien et fin pour rester dans la tonalité principale du plat (les champagnes au caractère aromatique trop marqué et à la vinosité importante écraseront ce met tout en délicatesse), mais avoir du corps et un peu de bouteille pour s'allier aux cèpes.

L'accord parfait : avec le Gosset 1982, un vin merveilleux, arrondi par son âge mais sans caractère trop évolué de rancio, à la saveur profonde sans être appuyée.

La couleur est en osmose avec celle de la crème de cèpes, la complexité et le goût moelleux hérités de la haute maturité des raisins en 1982.

Si vous n'avez pas ce vin, il faudra chercher prioritairement dans le camp des champagnes d'assemblage mariant chardonnay et pinot noir (donc dans les champagnes de marque car les champagnes de vignerons sont généralement en mono-cépage) de très grandes années (1988, 1989 et 1990).

Les amateurs qui ne jurent que par les blancs de blancs (issus des chardonnay de la région d'Epernay) pourront les essayer à condition de choisir des vins ayant une part importante de vins de réserve, plus anciens, tout en gardant leur fraîcheur.

Difficulté : *Facile*
Coût : *Modéré*
Préparation : *20 minutes, prévoir 12 heures de trempage pour le nettoyage des coquillages.*
Cuisson : *2 minutes*
Saison : *Hiver*

Fricassée de coquillages au thym avec un châteauneuf- du-pape blanc

Le marché pour 4 personnes

1 kg de pétoncles,
1 kg de palourdes,
1 kg de coques,
50 cl de vin blanc sec,
1/4 de botte de thym frais,
1 feuille de laurier,
20 cl d'huile d'olive,
2 échalotes,
2 gousses d'ail,
sel et poivre.

Trois fois rien dans le porte-monnaie mais une attention devant les fourneaux à multiplier par trois. Les coquillages sont très sensibles à la surcuisson. Tout se joue en quelques secondes. L'huile tiède et le thym donnent au plat une ambiance "midi" et appellent des vins de caractère.

La cuisine

La veille, mettre les coques et les palourdes à tremper dans une grande quantité d'eau salée. Le jour même, laver les pétoncles à plusieurs reprises dans de l'eau fraîche.

Mettre les coques et les palourdes dans une cocotte avec le vin blanc, une branche de thym, le laurier, les échalotes et l'ail. Couvrir et cuire à feu vif pour faire ouvrir les coquillages. Les décortiquer. Filtrer le jus et y remettre les coquillages.

Ouvrir et nettoyer les pétoncles. Poser tous les coquillages sur un linge pour bien les égoutter.

Faire chauffer 1 cuiller à café d'huile d'olive dans une poêle. Y faire sauter à feu vif les pétoncles pendant dix secondes.

➤ Assaisonner et ajouter la moitié du thym effeuillé, puis le restant des coquillages pour les réchauffer légèrement.

Disposer les coquillages dans un plat de service. Ajouter le reste de thym effeuillé et d'huile d'olive, saler et poivrer. Servir tiède.

Le vin

Avec un châteauneuf-du-pape blanc, un des plus grands crus du sud de la vallée du Rhône.

On évitera les vins trop aromatiques qui cherchent la bagarre avec le thym et l'huile tiède au profit d'un vin s'exprimant plutôt par sa structure et son gras.

L'accord parfait : avec un châteauneuf-du-pape 1990 de Mont-Redon.

Le vin est discret aromatiquement. Il ne cherche pas à voler la vedette au plat. Il joue parfaitement son second rôle d'appui tactique mais crève l'écran en magnifiant la délicatesse de la préparation.

Si vous n'avez pas ce vin, vous resterez sur les vins gras et pas trop aromatiques, en passant alors sur le nord de la vallée du Rhône. Par exemple un bon saint-péray tranquille (de Clappe, Jean Lionnet, Bernard Grippa ou du domaine du Biguet) ou encore un saint-joseph blanc (Bernard Grippa ou Pierre Gonon), tous âgés de quelques années.

Difficulté : *Minutieux mais facile*
Coût : *Très élevé*
Préparation : *45 minutes*
Cuisson : *30 minutes*
Saison : *Hiver*

Fricassée de fruits de mer avec un pessac-léognan blanc

Le marché
pour 4 personnes

Fumet de poisson (lyophilisé, en épicerie), 12 praires décortiquées, 4 langoustines décortiquées, 8 noix de Saint-Jacques sans le corail, 12 huîtres belon n°1, 12 tranches de pain de seigle, un fond d'artichaut cuit coupé en cubes de 0,5 cm de côté.

Pour la sauce
4 échalotes émincées, 1/2 l de fumet de poisson, 1/2 l de vin blanc, 3 dl de crème fleurette. 200 g de beurre pour la finition.

Pour le beurre
sur pain de seigle
2 échalotes hachées, 2 dl de vin blanc, 2 cl de vinaigre de vin, 250 g de beurre pommade (ramolli à la température ambiante, légèrement battu).

Cette nage de belons et de Saint-Jacques n'est pas un plat de tous les jours. Cependant, elle dispose de tous les ingrédients qu'apprécient les blancs de Graves. Notes iodées, chairs fermes mais moelleuses des crustacés et des coquillages, sauce haute en goût... l'accord —un vieux classique— n'a rien de poussiéreux et décoiffe...

La cuisine

Préparer 60 cl de fumet de poisson selon le mode d'emploi.

Préparation de la sauce : dans une casserole sur feu vif, faire réduire à sec(*) le vin blanc avec les échalotes. Ajouter 50 cl de fumet de poisson, faire à nouveau réduire à sec(*), ajouter la crème fleurette et faire réduire(*) de 3/4. Incorporer avec un fouet 200 g de beurre, morceau par morceau. Passer la sauce dans une passoire fine (chinois) et la garder au chaud dans un bain-marie.

Préparation du beurre sur pain de seigle : réduire à sec(*) le vin blanc, le vinaigre et les échalotes. Laisser tiédir. Mélanger avec le beurre pommade, le sel et le poivre. Beurrer les tranches de pain de seigle et poser dessus une huître décortiquée.

Préparation de la garniture : faire revenir les Saint-Jacques et les langoustines dans une noix de beurre.

Lorsqu'elles sont légèrement colorées, ajouter 1 dl de fumet de poisson et les cubes d'artichauts. Cuire pendant 1 minute et demie à 2 minutes selon la grosseur, ajouter les praires. Ajouter la sauce. Vérifier l'assaisonnement.

Placer les coquillages dans quatre assiettes creuses. Servir aussitôt.

Disposer les tranches de pain de seigle avec les huîtres dans une petite assiette à part.

Le vin

Avec un graves, vin bordelais de la région du Médoc, blanc et plutôt jeune.

Il faut seulement éviter les vins encore trop marqués par le bois. Les tannins de barriques paraîtront dissociés.
Si on est un inconditionnel de ces vins, il faudra les prendre dans des versions âgées et assagies (mais la longévité des pessac-léognan blancs est proverbiale).

L'accord parfait : avec le graves blanc Château Laville Haut-Brion 1990, un vin de la dimension d'un grand montrachet (étoffe, texture, ampleur du goût) à l'extraction mesurée, à l'expression aromatique nuancée, qui joue surtout sur la complexité et la texture savoureuse. La part importante de sémillon donne du gras.

Réalisé en 1994, cet accord parfait indique la voie à suivre.
On reste dans les vins jeunes, de grande année (1994, 1995 et 1996), sans excès aromatiques et équilibrant bien leur boisé par le gras.

Difficulté : *Minutieux mais assez facile*
Coût : *Bon marché*
Préparation : *45 minutes, prévoir un trempage de 3 heures pour les coquillages.*
Cuisson : *5 minutes*
Saison : *Hiver*

Raviolis de pétoncles aux courgettes et fleurs de thym avec un pouilly-fuissé

Le marché
pour 4 personnes

1 paquet de feuilles à raviolis (en vente dans les épiceries asiatiques) de 8 à 10 cm de côté, un peu de farine, 1 jaune d'œuf pour la dorure, 2 cuillers à soupe de fleurs de thym.

Pour la farce

72 pétoncles pour donner une fois décortiquées 300 g de chair,
1 courgette,
25 g de beurre,
1 cuiller à soupe de fleurs de thym, sel, poivre blanc.

Pour les spaghettis de courgettes

2 courgettes,
25 g de beurre,
1/2 cuiller à soupe de fleurs de thym, sel, poivre blanc.

Pour le beurre de thym

1/2 cuiller à soupe de fleurs de thym,
1 cuiller à soupe de crème fleurette, 4 dl d'eau, 250 g de beurre, sel, poivre blanc.

Un plat facile à préparer si l'on est minutieux, élégant mais simple, qui se met au service du vin. A l'écart des grands terroirs de blancs de Bourgogne, Pouilly-Fuissé conjugue à la fois vivacité de l'appellation, maturité et richesse des meilleurs chardonnay. Des qualités précieuses pour la table.

La cuisine

Préparation des pétoncles : rincer les noix de pétoncles décortiquées sous l'eau courante, les mettre dans un récipient d'eau froide et faire tremper pendant 3 heures.

Préparation de la farce : laver et essuyer la courgette.
Tailler dans sa peau une cinquantaine de copeaux de 1,5 cm de long à l'aide d'un petit couteau bien aiguisé.

Poser une poêle contenant 25 g de beurre sur feu moyen. Quand le beurre est chaud, y placer les copeaux de peau de courgette, saler, cuire pendant 2 minutes, en les remuant avec une spatule. Ils doivent devenir tendres sans se défaire. Réserver(*).

➤

➤ Egoutter les pétoncles, les sécher sur un linge absorbant. Assaisonner de sel, de poivre et de fleurs de thym.

Confection des raviolis : étaler 4 feuilles à raviolis les unes à côté des autres sur le plan de travail. Ajouter 1 ou 2 cuillers à café d'eau au jaune d'œuf pour la dorure. Mélanger bien à la fourchette. Badigeonner au pinceau les feuilles à raviolis de cette préparation.

Poser 1 copeau de courgette et 3 pétoncles sur chaque feuille, recouvrir d'un copeau de courgette. Poser une seconde feuille à raviolis par dessus.

Donner une forme bien régulière aux raviolis en les découpant avec un emporte-pièce(*) rond d'environ 6 cm de diamètre. On peut aussi les façonner à l'aide d'un petit couteau. Bien souder les bords des raviolis en les ourlant.

Fariner légèrement les deux côtés des raviolis. Renouveler les opérations 6 fois pour obtenir 24 raviolis.

Confection et cuisson des spaghettis de courgettes : laver les 2 courgettes. Oter les 2 extrémités et prélever la peau en longs rubans avec un économe. Poser ces rubans à plat et les retailler au couteau en fils minces et longs comme des spaghettis.

Poser une poêle contenant 25 g de beurre sur feu moyen. Quand le beurre est chaud, faire sauter très rapidement les spaghettis. Saler, poivrer. Ajouter la 1/2 cuiller à soupe de fleurs de thym. Garder au chaud.

Confection du beurre de thym : mettre la 1/2 cuiller à soupe de fleurs de thym dans une casserole avec 4 cl d'eau et la crème. Porter à ébullition en faisant réduire(*) des 3/4. Sur feu doux, ajouter le beurre morceau par morceau en mélangeant vivement avec un fouet. Saler, poivrer. Garder au chaud dans un bain-marie.

Cuisson des raviolis : porter à ébullition une grande casserole d'eau salée. Faire cuire les raviolis 3 minutes par petites quantités à la fois (ils ne doivent pas se toucher). Les égoutter au fur et à mesure avec une écumoire et les plonger dans le beurre de thym.

Finition et présentation : faire réchauffer les spaghettis de courgettes pendant quelques secondes si nécessaire. Déposer un petit dôme de spaghettis au centre de chaque assiette.

Sortir les raviolis du beurre de thym, les égoutter.

Placer six raviolis en rond sur chaque assiette. Garnir d'un léger cordon de beurre de thym et servir aussitôt.

Le vin

Avec un pouilly-fuissé, vin blanc de Bourgogne, jeune.

C'est le vin idéal pour les plats francs et simples. Si vous décidiez d'accompagner les raviolis d'une sauce riche (type beurre blanc), il faut alors choisir un vin plus ancien pour jouer sur la palette aromatique et la complexité. Pour un effet encore meilleur, vous caraferez votre vin avant le service.

L'accord parfait : un pouilly-fuissé 1991 La Frairie d'Auvigue, qui sait donner un accord tout en douceur où le plat arrondit le vin, comme s'il absorbait son acidité.

Cet accord trouvé en 1993 montre qu'il faut rechercher des vins souples et fondus dès leur plus jeune âge, évoluant rapidement en bouteille : on peut désormais l'imaginer avec un 1997. En restant en Bourgogne, on peut chercher du côté des saint-véran (Domaine des Deux Roches) et des mâcon-villages (Olivier Merlin, Jean Thévenet, Robert-Denogent, Guffens-Heynen, Jacques et Nathalie Saumaize).

Difficulté : *Facile*
Coût : *Modéré*
Préparation : *40 minutes. Prévoir une nuit pour le trempage des bulots.*
Cuisson : *40 minutes*
Saison : *De février à juin*

Le marché
pour 4 personnes

12 asperges vertes épluchées,
4 beaux poireaux,
12 huîtres creuses n°1,
12 praires,
8 vernis,
1,2 kg de bulots.
sel, poivre,
bouquet garni.

Pour la sauce
1/2 jus d'orange,
1/2 cuiller à café de zeste d'orange, haché et blanchi(*) 2 minutes dans l'eau bouillante,
1 oignon haché,
3 dl de riesling,
1 pincée de mignonnette (poivre concassé),
1/4 de jus de citron,
5 jaunes d'œufs,
300 g de beurre.

Asperges, poireaux et coquillages accompagnés d'une sauce à la maltaise avec un riesling

Chairs goûteuses et fermes et saveurs complexes de ce plat ne se plaîsent qu'en compagnie de vins respectant sa subtilité. L'huître peut faire ressortir le sucre résiduel de l'un, les arômes exubérants de l'autre. La souplesse du riesling, sa finesse aromatique et sa complexité lui permettent d'être à l'aise.

La cuisine

Faire dégorger les bulots une nuit dans de l'eau salée.

Mettre les bulots dans une grande casserole, les recouvrir d'eau, ajouter sel, poivre mignonnette et bouquet garni.
Faire cuire pendant 40 minutes et laisser refroidir dans le bouillon.

Faire cuire les asperges vertes à l'eau bouillante une dizaine de minutes selon leur grosseur.
Nettoyer et couper les blancs de poireaux en gros bâtonnets et les faire cuire à l'eau bouillante (environ 5 minutes).

Préparation de la sauce maltaise : mélanger dans une casserole l'oignon et le riesling. Réduire à sec(*) et laisser refroidir.

Quand la réduction est froide, ajouter le jus d'orange, la mignonnette, le zeste d'orange haché, le jus de citron et les jaunes d'œufs.

Fouetter les jaunes en les faisant chauffer très doucement afin de les émulsionner. Quand ils commencent à épaissir, ajouter petit à petit les 300 g de beurre en battant avec un fouet pour obtenir une sauce légère et onctueuse. Rectifier l'assaisonnement.

Décortiquer les bulots. Ouvrir les huîtres, les praires et les vernis. Les placer dans une assiette. Placer dans le plat principal les asperges chaudes, les poireaux chauds, les bulots cuits froids et la sauce maltaise tiède.

Le vin

Avec un riesling d'Alsace jeune mais complexe.

Il faut simplement éviter les vins ayant trop de sucre résiduel. Le plat demande une définition franche et simple du vin (ce qui n'implique surtout pas un manque de complexité).

L'accord parfait ; un riesling Furstentum 1990 de Paul Blanck, qui réussit le tour de force d'être à l'aise avec les asperges vertes et d'exalter sa propre fraîcheur tout en faisant disparaître l'amertume des asperges.

Si vous n'avez pas ce vin, restez en Alsace en choisissant les maisons qui ont le culte du riesling sec (Trimbach, Beyer) dans les beaux millésimes récents (1994, 1995 et 1996).

Difficulté : *Facile*
Coût : *Elevé*
Préparation : *30 minutes*
Cuisson : *20 minutes*
Saison : *Février à juin*

Grenouilles poêlées, asperges, fleurs de courgette et gâteaux de crabe avec un vouvray

Le marché
pour 4 personnes

8 cuisses de grenouilles,
8 asperges vertes,
8 petites fleurs de courgette,
150 g de crabe décortiqué,
2 zestes de citrons jaunes blanchis(*) et hachés,
2 cuillers à soupe de coriandre hachée,
1 cuiller à café de gingembre haché,
sel, poivre.

Pour la sauce hollandaise
300 g de beurre,
5 jaunes d'œuf,
1/4 de jus de citron,
sel, poivre.

La préparation forte en goût, rehaussée d'une sauce crémeuse, tend de multiples pièges à ses prétendants. Le vouvray est un parfait cavalier pour aller au bal... De préférence un bal masqué : les expressions du chenin ménagent des surprises quand son acidité naturelle se dérobe un moment derrière le loup de velours du sucre résiduel.

La cuisine

Eplucher et cuire les asperges (environ 10 minutes) et les fleurs de courgette (environ 3 minutes) séparément. Séparer les cuisses de grenouilles.

Préparation de la sauce hollandaise : mettre les jaunes dans une casserole avec un peu d'eau, fouetter vigoureusement pour émulsionner. Incorporer morceau par morceau au fouet le beurre ramolli. Monter(*) le tout à feu très doux (pour ne pas cuire les jaunes). Ajouter quelques gouttes de jus de citron, la coriandre hachée et le gingembre.

Préparation des gâteaux de crabe : faire revenir la chair de crabe au beurre dans une poêle. Ajouter les deux zestes de citron jaune

➤ blanchis (trempés 1 minute dans l'eau bouillante) et hachés. Mélanger. Mouler dans des ramequins.

Faire sauter rapidement les cuisses de grenouilles juste pour les colorer.

Présentation : placer le gâteau de crabe dans un coin de l'assiette, les fleurs de courgette, les cuisses de grenouilles et les asperges en éventail et en alternance. Verser la sauce délicatement sur le tout. Servir aussitôt.

Le vin

Avec un vouvray (blanc de Loire issu du cépage chenin) sec et jeune.

Cependant, il faut faire attention à la multiplicité des visages du chenin. Sous une même appellation peuvent se cacher des vins très différents. La présence de sucre et l'âge du vin sont déterminants. En revanche, ce sont bien des vins de grande gastronomie, capables de se marier à des textures très différentes et de souder le plat à son accompagnement. Complexes et souples, ce sont par essence des vins de table.

L'accord parfait : avec la Cuvée Victor 1992 de Bernard Fouquet.

Un vin minéral, sec et jeune, fringant et dépourvu de notes aromatiques évoluées de miel semble indispensable pour ce plat. Attention, il doit, même jeune, être complexe car les vertus de l'adolescence ont leurs limites. Le vin de Fouquet a cette vertu. Il est jeune, en chrysalide, mais bourré de promesses.

Si vous n'avez pas ce vin, explorez d'autres appellations de la Loire, issues du même cépage) : Montlouis et surtout Savennières dans les bons millésimes récents (1993, 1995 et surtout 1996).

Difficulté : *Facile*
Coût : *Elevé*
Préparation : *15 minutes*
Cuisson : *20 minutes*
Saison : *Toute l'année*

Fricassée de homard avec un hermitage blanc

Le marché pour 4 personnes

4 homards de 500 g,
1 dl d'huile d'olive,
2 tomates,
5 cl de cognac,
1 bouquet garni,
8 dl de crème fleurette,
sel, poivre,
1 pincée de cardamome.

Pour la mirepoix(*)
1/2 poireau,
1/2 carotte,
1/2 oignon,
1 branche de céleri.

Chair serrée du homard, onctuosité de la crème, notes aromatiques affirmées (surtout si on aime consommer l'intérieur de la tête du homard) : le plat fait sa fête au vin capable de jouer sur tous ces registres. L'hermitage blanc part en pole position. Il adore faire sortir les crustacés de leurs carapaces...

La cuisine

Découper les homards en tronçons, casser légèrement les pinces. Couper la tête en deux et retirer la poche de sable. Garder le corail vert.
Faire revenir et rougir les morceaux de homard à l'huile chaude. Ajouter la mirepoix(*), faire suer(*) puis flamber au cognac, ajouter la cardamome et la crème, les 2 tomates crues concassées et le bouquet garni.

Cuire pendant 10 minutes puis retirer les pinces et les morceaux de queue de homard. Les décortiquer. Réserver(*).
Continuer à cuire doucement la crème jusqu'au moment où elle commence à prendre une consistance de sauce. Incorporer le corail vert à la sauce en fouettant. Rectifier l'assaisonnement. Passer la sauce dans une passoire fine (chinois).

Mélanger le homard décortiqué et la sauce. Servir bien chaud.

➤ *Le vin*

Avec un hermitage blanc évolué, un des grands crus du nord de la vallée du Rhône.

Les vins de cette appellation aiment la crème et les notes calcaires qu'apporte une réduction obtenue à partir des carcasses de crustacés.

L'accord parfait : avec l'hermitage blanc 1985 Les Rocoules de Marc Sorrel, choisi pour l'équilibre parfait entre son âge déjà respectable et sa structure toujours fermement campée.

Si vous n'avez pas ce millésime, vous pouvez aller jusqu'aux millésimes 1988 ou 1989, mais guère plus haut : le vin risquerait alors d'agacer le plat.

RES SACRA VINUM
ermitage
PPELLATION CONTROLÉE
en bouteilles à la propriété
H. SORREL
Tain l'Hermitag
(Drôme)

Difficulté : *Facile*
Coût : *Elevé*
Préparation : *15 minutes*
Cuisson : *20 minutes*
Saison : *Toute l'année*

Homard aux endives avec un vin jaune

Le marché
pour 4 personnes

4 homards bretons femelles (avec les oeufs entre les pattes) de 500 g chacun,
1,2 kg d'endives,
170 g de beurre doux,
20 g de beurre demi-sel,
5 cl de vin jaune,
4 dl de crème fleurette,
1 citron,
50 g de gingembre coupé en tout petits dés,
60 g de Comté,
60 g de cerneaux de noix épluchés,
100 g de lardons,
600 g d'épinards,
50 g de truffes,
8 croûtons grillés,
sel, poivre.

Prévoir des moules du type de ceux utilisés pour les crèmes caramel.

Un plat complexe bâti sur des couples qui semblent antagoniques. En face, un fauve, le vin jaune. On ne peut le dompter, encore moins le mettre en cage, tout juste peut-on l'amadouer en lui présentant des nourritures qui satisfassent ses goûts pas toujours faciles à cerner.

La cuisine

Détacher les têtes et les pinces des homards. Réserver(*) le corail. Avec les têtes, faire un fumet en les cuisant dans de l'eau pendant 15 minutes. Avec le corail, faire un beurre de corail en le malaxant à la fourchette avec 50 g de beurre doux ramolli à la chaleur ambiante.

Préparer une purée d'épinards (cuits 3 minutes à l'eau salée) et la placer en dôme sur les croûtons passés au beurre (deux par personne).

Couper le comté en dés. Blanchir(*) les lardons en les plongeant 2 minutes dans de l'eau bouillante. Les faire ensuite revenir rapidement dans du beurre. Concasser les cerneaux de noix. Blanchir(*) les zestes de citron et le gingembre coupé en tout petits dés.

Préparation des gâteaux d'endives : faire blanchir(*) les feuilles d'endives en les plongeant 3 minutes dans de l'eau bouillante salée, les passer sous l'eau froide et les égoutter.

➤

➤ Les colorer légèrement au beurre dans une poêle, assaisonner. Prendre un quart de la préparation pour tapisser les moules. Mélanger le reste des endives, les lardons, les dés de Comté et les noix concassées. Remplir les moules de cette préparation et faire chauffer pendant 10 minutes au bain-marie ou au four.

Faire cuire les pinces de homard pendant 4 minutes à la vapeur, les décortiquer. Garder au chaud. Couper les troncs en trois. Faire revenir au beurre demi-sel les tronçons crus jusqu'à coloration en rouge de la carcasse. Ajouter les pinces.
Ajouter le vin jaune, faire chauffer et flamber(*) pour retirer l'acidité. Retirer les morceaux, décortiquer et les réserver (*).
Ajouter la crème, faire réduire(*) d'un tiers, ajouter la julienne(*) de citron et les dés de gingembre. Remettre tous les morceaux de homard décortiqués dans la sauce pour terminer la cuisson pendant 2 minutes. Placer les morceaux de homard sur un plat.
Garder au chaud.
Démouler les gâteaux d'endives. Emincer(*) la truffe en fines lamelles et les répartir sur les gâteaux. Mettre le beurre de corail dans la sauce. Battre au fouet. Verser sur le plat.

Le vin

Avec un vin jaune, grand vin du Jura issu du cépage savagnin. Le long élevage de ce vin très particulier lui donne des notes aromatiques de noix caractéristiques. Gastronomiquement, il est capable d'unir des arômes et des textures très différents.

L'accord parfait : avec un vin jaune 1988 de Jacques et Barbara Durand-Perron, qui s'attaque au plat bille en tête avant de composer avec lui puis d'explorer chacune de ses nuances.

Si vous n'avez pas ce vin, vous resterez dans le domaine des jaunes, sur un millésime comme 1991 qui évolue plus rapidement que les 1989 et 1990.

Difficulté : *Facile*
Coût : *Elevé*
Préparation : *15 minutes*
Cuisson : *3 minutes*
Saison : *Automne*

Fricassée de cèpes et d'écrevisses avec un champagne

Le marché
pour 4 personnes

300 g de cèpes bien fermes,
1 kg d'écrevisses,
50 g d'oignon,
thym, laurier,
1 gousse d'ail,
10 cl d'huile d'olive,
1/2 l de crème liquide,
2,5 cl de cognac,
10 cl de champagne.

J'aime jouer de l'alliance, trop souvent négligée, des produits de la mer et de ceux de la terre. Le champagne, s'il est suffisamment évolué, peut illustrer dans le verre cette fusion du mouvement marin et de l'ancrage terrien.

La cuisine

Décortiquer les écrevisses (garder les têtes et les carcasses).
Les châtrer (tenir l'écrevisse par le milieu du corps. Pincer entre le pouce et l'index la palme qui se trouve exactement au milieu de la queue. La lever à la verticale pour rompre l'articulation. L'intestin de l'animal, qui mesure à peu près la longueur de la queue, suivra)

Nettoyer les cèpes, les couper un peu en dessous du chapeau et garder les pieds.

Mettre l'oignon émincé(*) dans une casserole avec l'huile d'olive, ajouter les pieds de cèpes émincés, les carcasses et les têtes d'écrevisses, l'ail, le thym, le laurier.

Faire suer(*) l'ensemble, déglacer(*) avec le cognac, réduire(*) de moitié. Verser le vin blanc, réduire(*) de moitié. Verser la crème, mélanger, laisser réduire(*) d'un quart et passer au tamis.

➤ Tailler les chapeaux des cèpes en lamelles, les faire revenir légèrement à l'huile d'olive. Les éponger avec du papier absorbant.

Mettre les écrevisses et les cèpes dans la sauce. Cuire 2 minutes. Servir aussitôt

Le vin

Avec un champagne évolué, qui devra pourtant avoir gardé son énergie et sa fraîcheur.

L'accord parfait : avec un champagne Salon 1979.

Puissant et gras, avec un début de rancio à l'ouverture (mais qu'il perd à l'aération : vous pouvez le carafer au moment du service), ce mythique blanc de blancs du Mesnil (cru de la Côte des blancs, la région d'Epernay) laisse ensuite parler sa fraîcheur et son (encore) éternelle jeunesse.

Si vous n'avez pas ce champagne exceptionnel, fouillez votre cave pour voir si vous n'y avez pas oublié quelques grands millésimes mûrs (1976, 1979, 1982, 1985). Même dégorgés depuis longtemps, les grands champagnes peuvent évoluer favorablement s'ils ont été conservés dans de bonnes conditions.

Difficulté : *Facile*
Coût : *Elevé*
Préparation : *2 heures*
Cuisson : *10 minutes*
Saison : *Toute l'année*

Langouste sauce vin blanc avec un chablis

Le marché
pour 4 personnes

2 langoustes
de 600 g chacune.

Pour le court-bouillon
1/2 carotte,
1 petit poireau,
1 oignon,
1 bouquet garni,
1 branche de céleri,
1 dl de vin blanc sec,
2 cl de vinaigre,
sel, poivre.

Pour la sauce
3 champignons de Paris
coupés en lamelles,
1 échalote hachée,
50 g de blancs de poireaux
émincés,
5 dl de fumet de poisson
(lyophilisé, en épicerie),
5 cl de vin blanc sec,
5 dl de crème,
sel, poivre.

Une texture dense, souple et juteuse pour cette grande dame des mers. Nombreux sont les vins à vouloir s'allonger près de la belle soupirante...

La cuisine

Préparer le court-bouillon avec tous les légumes lavés et coupés en tronçons, le vinaigre, le vin, les aromates, le sel et le poivre.
Amener à ébullition et laisser frémir 45 minutes.
Laisser complètement refroidir.

Remettre à chauffer le court-bouillon jusqu'à frémissement.
Y plonger les langoustes et couvrir immédiatement (pour éviter les éclaboussures d'eau bouillante).

Cuire 7 minutes en maintenant le frémissement.
Laisser les langoustes refroidir dans le court-bouillon.

Préparation de la sauce au vin blanc : faire suer(*) l'échalote et le blanc de poireau, ajouter les champignons nettoyés et coupés en lamelles.

Cuire 5 minutes à feu vif, déglacer(*) au vin blanc, faire réduire(*) de moitié. Ajouter le fumet, laisser encore réduire(*)

➤ de moitié. Ajouter la crème, la laisser épaissir. Saler et poivrer. Passer la sauce dans une passoire fine (chinois).

Couper les langoustes en deux dans le sens de la longueur. Servir aussitôt avec la sauce.

Le vin

Avec un chablis, vin blanc de Bourgogne, récent.

Il doit avoir suffisamment d'énergie pour rechercher le corps à corps...

L'accord parfait : Le chablis Bougros 1995 de La Chablisienne, dont le gras se mêle tendrement à la chair fine et serrée de la langouste, celle-ci se plaisant à faire ressortir les aspects minéraux du vin.

Si vous ne l'avez pas en cave, vous pouvez également adapter la recette pour l'accorder à un grand vin blanc de la Côte d'Or, type Corton-Charlemagne, à condition de changer la cuisson de la langouste. Faites-la rôtir plutôt que de la pocher et choisissez de préférence des vins au boisé assagi par quelques années de cave. Si vous voulez rester fidèle à la recette, tournez-vous vers un chevalier-montrachet 1994 du Domaine Leflaive dont le côté fin et aérien conviendra parfaitement au plat.

Difficulté : *Facile*
Coût : *Modéré*
Préparation : *20 minutes*
Cuisson : *10 minutes*
Saison : *Toute l'année*

Saumon Shizo avec un champagne

Le marché
pour 4 personnes

4 filets de saumon de 150 g chacun (avec la peau), 5 cl de sauce soja, sel de céleri, poivre blanc.

Pour la garniture
300 g de carottes taillées en julienne(*), 200 g de blanc de poireaux taillés en julienne(*), 1 botte de ciboulette taillée en bâtonnets.

Pour la sauce
10 cl de sauce soja, 150 g de beurre doux à température ambiante, quelques gouttes de jus de citron, sel de céleri, poivre blanc.

Prévoir une cuisson à la vapeur.

Ce plat a été mis au point en hommage à un ami japonais, d'où son nom. La cuisson à la vapeur donne à la chair du saumon une tendresse et une plénitude exceptionnelle, à qui il faut un vin complet et racé.

La cuisine

Préparation du saumon : poser les filets de saumon côté peau sur une grande feuille de papier aluminium. Les assaisonner de sel de céleri, sauce soja et poivre blanc. Bien recouvrir les filets avec la feuille d'aluminium. Cuire à la vapeur pendant 7 minutes.

Préparation de la sauce : mélanger le jus de citron et la sauce soja, porter à ébullition et réduire(*) d'un tiers. Incorporer le beurre morceau par morceau à l'aide d'un fouet en remuant vivement. Rectifier l'assaisonnement.

Finition et présentation : sortir le saumon du cuit-vapeur, ajouter les poireaux, les carottes et la ciboulette (tous ces éléments sont restés crus) dans le jus de cuisson de la papillote. Remettre à cuire 2 minutes au cuit-vapeur.

Egoutter les filets sur du papier absorbant et les placer au centre des assiettes. Mélanger la sauce et le jus de cuisson de la papillote. Verser la sauce et la garniture autour. Servir immédiatement.

➤ Le vin

Avec un champagne blanc de blancs (issu de chardonnay de la Côte des blancs, la région d'Epernay).

Il faut un vin de grand terroir, racé et surtout très mûr.

L'accord parfait : une Cuvée Origine de Jacques Selosse, obtenu par une technique proche de la solera, permettant à chaque nouveau vin d'être "éduqué" par de plus anciens qui lui apportent une brillante patine. Les notes de soja se marient très élégamment au fond boisé du vin.

Si vous n'avez pas ce vin en cave, choisissez des grands millésimes bien mûrs de la Côte des blancs (1976, 1979, 1982 ou 1985) des meilleurs crus (Mesnil et Avize pour les plus vieux, Cramant pour les plus jeunes).

Difficulté : *Très facile*
Coût : *Modéré*
Préparation : *15 minutes*
Cuisson : *15 minutes*
Saison : *Toute l'année*

Saumon au beurre blanc avec un savennières

Le marché
pour 2 personnes

1 filet de saumon de 300 g,
30 g d'échalotes hachées,
1 dl de vin blanc,
100 g de beurre,
sel, poivre blanc,
zestes d'agrumes et un peu de gingembre rose (que l'on trouve dans les épiceries japonaises. Toutefois, on peut utiliser le gingembre habituel).

Prévoir une cuisson à la vapeur.

Le goût iodé du saumon appelle des notes vives, jeunes, de la poigne et de l'entrain, de l'éclat. La minéralité d'un savennières convient ici car, même jeunes, ces vins sont déjà complexes.

La cuisine

Préparation du beurre blanc : poser sur feu doux une petite casserole à fond épais contenant 1 cuiller à soupe de beurre. Quand le beurre est chaud, ajouter les échalotes et les faire suer(*) sans coloration jusqu'à ce qu'elles deviennent translucides.

Ajouter le vin blanc, faire réduire(*) jusqu'à ce qu'il ne reste pratiquement plus de liquide dans la casserole.

Ajouter le beurre morceau par morceau, en remuant vivement au fouet afin d'obtenir une sauce lisse et onctueuse.

Assaisonner de sel et de poivre blanc et garder sur le coin du fourneau.

Cuisson du saumon : assaisonner le filet de sel et de poivre blanc, le poser dans le cuit-vapeur à ébullition et cuire jusqu'à la cuisson désirée (7 à 8 minutes selon l'épaisseur).

➤ **Présentation :** égoutter le filet de saumon sur un papier absorbant, le poser au centre de l'assiette, puis verser un cordon de sauce autour. Les zestes d'agrumes et le gingembre rose haché seront servis à part, après avoir été blanchis en les plongeant 1 minute dans de l'eau bouillante. Leur utilisation (mesurée) vous conduira vers tel ou tel vin, du savennières au vouvray.

Le vin

Avec un savennières jeune, un vin blanc de la vallée de la Loire, issu du cépage chenin, dont la minéralité fera bon ménage avec les notes iodées du saumon et dont la complexité déjà présente supportera les assauts du beurre blanc.

L'accord parfait : avec un savennières 1996 de la Roche aux Moines, qui donne dans le genre rabelaisien de frère Jean, moine truculent et paillard. Il laisse passer devant lui le saumon pour mieux le serrer de près, tout en lui rendant hommage. Le goût iodé ressort, s'allonge et s'installe.

Si vous n'avez pas exactement ce vin, restez dans le monde du chenin jeune (1995 ou 1997). Les autres appellations de référence de la Loire (Vouvray sec et Montlouis sec) n'ont pas la même complexité dès leur plus jeune âge et serrent encore trop les poings pour se frotter au beurre blanc. Ce sont alors les zestes d'agrumes qui infléchiront le choix du vin : orange et gingembre rose aiment plus les vouvray que les montlouis.

Difficulté : *Facile*
Coût : *Modéré*
Préparation : *30 minutes*
Cuisson : *20 minutes*
Saison : *Toute l'année*

Saumon demi-fumé grillé tiède au raifort et au céleri avec un riesling

Le marché pour 4 personnes

500 g de saumon demi-fumé.

Pour la purée de céleri
500 g de céleri rave, 1 cuiller à café de moutarde, 1 cuiller à café de raifort en purée (en vente dans les épiceries fines), 1/2 l de lait, 1/4 de botte d'aneth, sel, poivre blanc.

Pour la crème au raifort
1 l de crème liquide, 2 cuillers à soupe de raifort en purée, 1 cuiller à soupe de moutarde, 1/2 jus de citron, sel, poivre blanc du moulin.

Pour la salade
1 frisée, 1 trévise, vinaigrette (de préférence à la truffe), sel, poivre blanc.

Pour le darphin de pommes de terre
2 pommes de terre à chair ferme, beurre, sel, poivre blanc du moulin.

Inutile de faire un demi-feu dans la cheminée pour obtenir un saumon demi-fumé ! Il suffit de faire tremper un saumon fumé dans du lait (24 heures s'il est très fumé). Un riesling évolué, qui minéralise et qui "pétrole", se combine parfaitement avec les notes fumées du poisson.

La cuisine

Préparation de la purée de céleri : éplucher et couper le céleri en gros cubes, les mettre dans une casserole.
Verser le lait et laisser cuire pendant environ 20 minutes.
Egoutter et passer au moulin à légumes pour obtenir une fine purée.

Ajouter le raifort, la moutarde, rectifier l'assaisonnement si nécessaire. L'aneth haché sera ajouté au moment de servir.

Préparation de la crème au raifort : réduire(*) la crème liquide de moitié sur feu doux. Tout en l'écumant, ajouter le raifort, la moutarde et le citron. Passer au mixeur puis à travers une fine passoire. Réserver(*).

Préparation du darphin de pommes de terre : éplucher, laver, essuyer et râper les pommes de terre.

➤ Poser sur feu moyen une poêle contenant 2 cuillers à soupe de beurre. Quand le beurre est chaud, poser les pommes de terre râpées bien à plat au fond de la poêle en donnant une forme de galette. Bien faire colorer des deux côtés (environ 2 minutes et demie de chaque côté). Assaisonner et réserver[*] au chaud.

Cuisson du saumon : préchauffer le grill du four et faire griller les filets de saumon pour leur donner une légère coloration.

Laver, essorer, sécher les salades. Assaisonner de la vinaigrette.

Finition et présentation : pour chaque assiette, confectionner deux quenelles de purée de céleri de chaque côté et placer le darphin de pommes de terre en haut.

Placer un petit dôme de salade au centre, poser la tranche de saumon en bas. Verser un cordon de crème au raifort autour et servir immédiatement.

Le vin

Avec un riesling d'Alsace évolué. Les notes d'hydrocarbure, typiques des rieslings matures, sont absolument indispensables. Elles seules se marient aux fortes notes fumées du poisson.

L'accord parfait : le riesling Schoenenbourg 1985 de Mittnacht Klack, très pétrolé, qui s'accorde merveilleusement avec le fumé pour donner des notes de genièvre. Il s'affine au contact du plat et s'entend bien avec son moelleux.

Si vous n'avez pas ce vin, restez sur un riesling évolué, de grand terroir, de grand vinificateur en évitant toute présence de sucre résiduel. Cherchez donc du côté des maisons Trimbach (Clos Sainte-Hune ou cuvée Fréderic-Emile) ou Léon Beyer, grands archétypes des rieslings secs, puissants et concentrés, destinés à la table.

Difficulté : *Facile*
Coût : *Bon marché*
Préparation : *15 minutes*
Cuisson : *15 minutes*
Saison : *Toute l'année*

Cabillaud croustillant, pommes de terre émiettées à la fondue d'herbes avec un pouilly-fuissé

La chair ferme du poisson et son croustillant, taquinés par les herbes, demandent un vin déluré, espiègle, qui a son avenir devant lui mais commence déjà à sortir dans le monde, type jeune prodige sûr de lui...

Le marché
pour 2 personnes

2 morceaux de cabillaud de 220 g chacun,
50 g de beurre,
3 cl d'huile d'olive,
300 g de petites pommes de terre grenaille,
200 g de betteraves coupées en julienne(°),
2 zestes de citron jaune blanchis(°) et taillés en fine julienne(°),
ciboulette taillée en bâtonnets.

Pour le beurre d'herbes

250 g de beurre ramolli à température ambiante,
40 g de ciboulette,
10 g d'estragon,
8 feuilles de basilic,
30 g de persil,
30 g de cerfeuil.

La cuisine

Passer les herbes au hachoir et faire cuire les pommes de terre (environ 10 minutes) à l'eau avec leur peau.

Mélanger la betterave, les zestes de citron, la ciboulette et un trait d'huile d'olive. Assaisonner. Allumer le four.

Poêler rapidement le cabillaud côté peau. Finir la cuisson au four environ 5 minutes.

Eplucher les pommes de terre et les écraser à la fourchette.

Faire un beurre d'herbes en mélangeant à la fourchette le beurre et les herbes hachées. Mélanger les pommes de terre écrasées et le beurre d'herbes.

Mélanger les betteraves, les zestes de citron, la ciboulette et l'huile.

Présentation : sur chaque assiette, mettre en bas une part de cabillaud. Faire deux quenelles de pommes de terres aux herbes et les disposer de chaque côté.

Faire un petit dôme de julienne de légumes en haut.

Le vin

Avec un pouilly-fuissé (vin de Bourgogne blanc) jeune.

Appellation injustement méconnue, Pouilly-Fuissé offre des vins caractérisés par leur fraîcheur même quand ils sont bien mûrs : deux éléments précieux pour la cuisine qui recherche toujours structure et saveur.

L'accord parfait : un pouilly-fuissé 1991 La Verchère de Daniel Barraud, choisi pour son caractère gourmand, frais mais ferme.

Cet accord réalisé en 1993 indique qu'il faut des vins jeunes. On les cherchera désormais en 1997. Si vous avez ignoré cette appellation dans votre cave, Saint-Véran ou Mâcon-Villages, autres appellations de Bourgogne, vous permettront de patienter en attendant de réparer cette négligence.

Difficulté : *Facile*
Coût : *Elevé*
Préparation : *30 minutes*
Cuisson : *30 minutes*
Saison : *Toute l'année*

Turbot au curry avec un pouilly-fuissé

Encore un poisson à chair ferme, nageant, comme son compère le cabillaud, dans les mêmes eaux du pouilly-fuissé. Cependant, les notes plus chaudement épicées du plat appellent un vin plus vieux.

Le marché pour 4 personnes
2 tronçons de turbot de 400 g chacun, 200 g de crépine, 4 branches de thym, 2 feuilles de laurier, gros sel, poivre blanc, huile d'olive.

Pour la sauce
2 oignons hachés finement, 2 gousses d'ail, 4 cuillers à soupe de curry, 3 pincées de vadouvan (facultatif), 1 l de fumet de poisson (lyophilisé, en épicerie), 2 l de crème liquide, 3/4 de l de lait de coco, thym, laurier, sel, poivre blanc.

Pour la garniture
80 g de "riz sauvage", 2 tomates, 100 g de grains de maïs (si possible en épi), 1/4 de botte de coriandre hachée, sel, poivre blanc.

La cuisine

Préparer le fumet de poisson selon le mode d'emploi.

Préparation du turbot : poser les tronçons de turbot (avec l'arête) sur la crépine, placer sur les côtés le thym et le laurier. Assaisonner de gros sel et poivre blanc. Enrouler le tout dans la crépine.

Préparation de la sauce : poser sur feu moyen une casserole contenant 2 cuillers à soupe d'huile. Ajouter les oignons hachés et les faire fondre doucement sans les colorer, en les saupoudrant de curry en poudre et éventuellement de vadouvan.
Ajouter le thym, le laurier, le fumet de poisson chaud.
Faire réduire(*) jusqu'à ce qu'il ne reste plus de liquide dans la casserole. Ajouter la crème liquide, réduire(*) d'un tiers, puis ajouter le lait de coco. Porter à petite ébullition et réduire(*) jusqu'à obtenir une crème onctueuse. Passer cette crème à travers une passoire fine (chinois). Rectifier l'assaisonnement . Réserver(*).

Préparation de la garniture : cuire le "riz sauvage" en le plongeant dans de l'eau salée à ébullition jusqu'à ce qu'il commence à éclater. Pendant ce temps, inciser les tomates aux deux pôles à l'aide d'un petit couteau et les plonger dans de l'eau bouillante 1 minute. Les retirer avec une écumoire. Les égoutter, les mettre dans un bain d'eau glacée. Les peler, les couper en deux, enlever les pépins à l'aide d'une cuiller et tailler la chair des tomates en dés de 0,5 cm environ. Faire cuire l'épi de maïs de 15 à 20 minutes selon la grosseur dans de l'eau et du lait (2/3 pour 1/3), l'égoutter puis le rafraîchir en le passant sous un filet d'eau froide. Détacher les grains de maïs.

Cuisson du turbot : préchauffer le four à 200 °C (thermostat 6). Poser sur un feu vif une large poêle contenant 3 cuillers à soupe d'huile d'olive. Quand l'huile est fumante, saisir rapidement les tronçons de turbot. Finir la cuisson au four pendant 16 minutes. Laisser reposer 10 minutes.

Finition et présentation : pendant la cuisson du poisson, réchauffer ensemble tous les éléments de la garniture dans un cuit-vapeur ou simplement dans une casserole. Ajouter la coriandre hachée. Rectifier l'assaisonnement. Sortir les tronçons de turbot du four, enlever la crépine et lever(*) les filets. Les placer au centre des assiettes, disposer la garniture et la sauce autour. Servir immédiatement.

Le vin

Avec un pouilly-fuissé, vin de Bourgogne blanc, évolué. Il faut, comme dans la recette précédente, un chardonnay qui garde de la vivacité. Mais les notes épicées orientent le plat vers un vin plus évolué.

L'accord parfait : avec un pouilly-fuissé Hors Classe 1988 de Mme Ferret, choisi pour sa richesse et sa large palette aromatique de chardonnay bien mûr et évoluant avec élégance.

Si vous n'avez pas ce vin, vous pouvez rester dans son environnement bourguignon (Saint-Véran et Mâcon-Villages), toujours dans des millésimes évolués et mûrs (1989, 1990, éventuellement 1992).

Difficulté : *Facile*
Coût : *Bon marché*
Préparation : *20 minutes*
Cuisson : *30 minutes*
Saison : *Toute l'année*

Brochet poché, sauce oseille avec un meursault

Le marché
pour 4 personnes

1 brochet de 2,5 kg
(si possible sauvage),
2 bottes d'oseille,
7,5 dl de fumet de poisson
(lyophilisé, en épicerie).

Pour la sauce
un demi oignon haché,
2 dl de meursault,
3 cl de noilly prat,
1 dl de crème fleurette,
1 dl de crème double,
sel, poivre.

Un poisson négligé, peut être à cause de ses nombreuses arêtes fastidieuses à enlever, mais la patience et la minutie sont filles de la cuisine. Il s'accorde bien avec le fantasque et capricieux meursault. Les deux prédateurs s'observent avant de partir bras dessus-dessous...

La cuisine

Laver l'oseille. Préparer le fumet selon le mode d'emploi.

Ecailler et vider le brochet. Couper la tête et les nageoires.
Porter à ébullition le fumet de poisson avec une botte d'oseille.
Y plonger le brochet, laisser frémir pendant 6 minutes et poursuivre la cuisson hors du feu pendant 15 à 20 minutes.

Préparation de la sauce à l'oseille : faire revenir sans coloration l'oignon haché, ajouter le meursault et le noilly prat, réduire à sec[*]. Ajouter 2 dl de fumet à l'oseille, réduire[*] de trois quart, ajouter les deux crèmes et cuire pour obtenir une préparation onctueuse. Passer au travers d'une passoire fine (chinois) et ajouter une grosse poignée d'oseille émincée[*]. Vérifier l'assaisonnement.

Placer le brochet dans un plat chaud, servir aussitôt avec la sauce en saucière.

Le vin

Avec un meursault (grand vin blanc de Bourgogne de la Côte de Beaune) jeune.

Son onctuosité trouvera un bon accord avec les notes d'oseille et la crème, mais le vin doit être très sec, sans sucre résiduel.

L'accord parfait : avec un meursault Perrières 1990 de Roulot.

Encore boisé en dégustation pure, cette note lui donne de la structure face à la sauce. Il a une belle structure acide, fraîche et mûre, essentielle pour ce plat. Les vins de cette cave évoluent peut-être un peu plus vite que ceux du reste de l'appellation, ce qui donne une indication précieuse pour des vins de substitution.

Cet accord a été trouvé en 1994. On cherchera désormais, dans la même appellation, des vins un peu plus jeunes, du côté des 1996.

Difficulté : *Facile*
Coût : *Bon marché*
Préparation : *25 minutes*
Cuisson : *10 minutes*
Saison : *Toute l'année*

Matelote de Lotte avec un volnay

Le marché pour 4 personnes

8 morceaux de filets de lotte de 80 g chacun,
2 oignons émincés(*),
2 carottes coupées en rondelles,
1 bouquet garni,
2 gousses d'ail,
1,5 l de vin rouge,
150 g de lardons,
20 petits oignons grelots,
250 g de petits champignons de Paris,
1 dl de crème double,
4 croûtons frottés à l'ail,
sel, poivre,
sucre en poudre,
persil plat,
beurre.

La traditionnelle pochouse bourguignonne revient ici à ses origines, puisqu'elle est préparée avec un vin rouge. La sauce issue de la marinade est très concentrée, marquée par l'oignon. La chair du poisson, ferme, est fortement pénétrée par les arômes de la marinade. Il faut un vin jeune, pas trop marqué aromatiquement.

La cuisine

Dans une cocotte, faire suer(*) les oignons pendant 3 ou 4 minutes avec les carottes. Y déposer les morceaux de lotte, assaisonner et ajouter le vin rouge. Ajouter les deux gousses d'ail épluchées et écrasées et le bouquet garni. Faire cuire doucement pendant 7 à 8 minutes. Retirer la lotte, la garder au chaud. Continuer à réduire(*) le vin.

Eplucher les petits oignons grelots et les faire cuire avec de l'eau, une noix de beurre, une pincée de sucre, du sel et du poivre.

Blanchir(*) les lardons en les plongeant 2 minutes dans de l'eau bouillante, les passer sous l'eau froide.

Nettoyer les champignons, les laver, les couper en quartiers et les faire sauter.

➤ Lorsqu'il reste 3 dl de vin, ajouter la crème, faire cuire quelques minutes puis passer la sauce dans une passoire fine (chinois).

Mettre la lotte dans la sauce avec les oignons, les lardons et les champignons. Vérifier l'assaisonnement, ajouter un peu de persil ciselé (*). Servir bien chaud avec les croûtons frottés à l'ail.

Le vin

Un volnay (vin rouge de Bourgogne de la Côte de Nuits, la région de Nuits-Saint-Georges) jeune.

Les vins plus vieux risquent de se montrer trop acides et seront déshabillés par la crème.

L'accord parfait : avec le volnay Santenots du Milieu 1992 du domaine des Comtes Lafon.

Un vin gorgé de couleur, de senteurs et de tannins onctueux.
Le plat met en valeur la finesse du grain, la fraîcheur et l'équilibre.
Le tout crée un des rares accords entre poisson et vin rouge.
Le vin s'accorde bien avec la délicatesse du poisson, ses chairs fermes mais onctueuses, sans se laisser bousculer par la concentration de la marinade.

On peut également essayer des vins de la Côte de Beaune (pommards et cortons), plus jeunes (1996 par exemple) et en particulier les meilleurs savigny en 1997.

Difficulté : *Facile*
Coût : *Bon marché*
Préparation : *20 minutes*
Cuisson : *10 minutes*
Saison : *Toute l'année*

Sandre poêlé avec un pinot gris

Le marché
pour 4 personnes

4 filets de sandre de 220 g chacun, 30 g de beurre.

Pour la sauce au bacon
3 échalotes émincées, 3 dl de vin blanc, 4 dl de fumet de poisson (lyophilisé, en épicerie), 5 dl de crème liquide, 150 g de bacon coupé en petits morceaux, 6 écrevisses, sel et poivre.

Pour la garniture
600 g de haricots verts
600 g d'épinards frais.

Le poisson seul appelle un vin sec et minéral. Associé à une crème au bacon, il réclame un peu plus de douceur. Il est alors heureux comme un poisson dans l'eau…

La cuisine

Préparation de la sauce au bacon : dans une casserole, mettre les 3 échalotes émincées avec le vin blanc et réduire à sec(*). Ajouter le bacon coupé en dés et ajouter la crème. Réduire(*) de moitié et passer au mixeur.

Châtrer les écrevisses (tenir l'écrevisse par le milieu du corps. Pincer entre le pouce et l'index la palme qui se trouve exactement au milieu de la queue. Lever à la verticale pour casser l'articulation et tirer. L'intestin, qui mesure à peu près la longueur de la queue, suivra)

Cuire à la poêle 2 à 3 minutes selon la grosseur des écrevisses. Assaisonner.

Laver les haricots verts, couper les extrémités. Les faire cuire à l'eau bouillante salée. Les passer dans un beurre ramolli. Laver les épinards et les faire rapidement cuire au beurre dans une poêle.

➤ Poêler les morceaux de sandre dans du beurre 2 à 3 minutes de chaque côté selon la grosseur.

Présentation : sur chaque assiette, placer une part de sandre en bas, deux buissons de haricots verts et d'épinards en haut.

Napper(*) de sauce et de bacon.

Le vin

Avec un pinot gris d'Alsace

Autant le poisson seul réclame un vin sec, autant la crème modifie les équilibres et impose un vin avec plus de fruité et surtout plus de densité, même au prix d'un peu de sucre résiduel

L'accord parfait : le pinot gris Bergheim 1990 du Domaine Marcel Deiss, choisi pour sa densité et ses premières notes d'évolution qui donnent un accord de texture (avec le poisson) et d'arômes (avec la crème dont le goût est très présent).

Cet accord parfait, réalisé en 1996, est toujours valable mais peut désormais accepter un grand millésime antérieur (1989) ou, selon le goût, un vin un peu plus jeune (1994).

Difficulté : *Facile*
Coût : *Bon marché*
Préparation : *2 heures pour confire les échalotes*
Cuisson : *10 minutes*
Saison : *Toute l'année*

Sandre au vin rouge avec un pauillac

Le marché
pour 4 personnes

1 sandre de 1 kilo,
12 grosses échalotes,
1 l de pauillac,
2 cl d'huile d'olive,
1 branche de thym,
1 branche de laurier,
200 g de beurre ramolli à température ambiante,
gros sel,
sel fin, poivre.

Cuit à l'unilatérale, avec une peau légèrement grillée et croustillante, une chair épaisse et onctueuse nappée d'une sauce dense, le sandre ainsi préparé demande un vin dont la voix gronde, pas facile à satisfaire. Une sorte de grand-père un peu sévère qui saura aussi se montrer grand-père gâteau...

La cuisine

Lever(*) les filets de sandre sans enlever la peau.
Détailler 4 tranches. Garder au réfrigérateur.

Préparation des échalotes confites : les placer sans les éplucher dans un plat, ajouter l'huile d'olive, une pincée de gros sel, le thym et le laurier. Recouvrir de papier aluminium et cuire au four à 100 °C (thermostat 3) pendant 2 heures.

Après cuisson, couper les bouts des échalotes et retirer la peau.
Les placer au réfrigérateur.

Faire réduire(*) le vin rouge jusqu'à ce qu'il ne reste que 10 cl de liquide.

Pendant ce temps, prendre les filets de sandre, bien les essuyer, gratter les écailler sans retirer la peau.

➤ Mettre de l'huile d'olive dans une poêle, y placer le poisson côté peau, le faire cuire 3 ou 4 minutes. Dès que la peau est bien colorée, sortir délicatement les morceaux de poisson et les mettre dans un plat près du four chaud ouvert pour qu'ils reposent et finissent leur cuisson (10 minutes environ).

Monter(*) le vin rouge réduit au beurre. Incorporer le beurre ramolli morceau par morceau en fouettant vigoureusement. Assaisonner. Faire réchauffer les échalotes dans la sauce sans la faire bouillir. Réchauffer doucement le poisson au four. Rectifier l'assaisonnement.

Placer le poisson au milieu de l'assiette, la sauce aux échalotes autour. Servir immédiatement avec des pommes vapeur.

Le vin

Avec un pauillac (bordeaux du Médoc) encore un peu jeune. Les textures du plat sont diverses et la sauce, très présente, décide de tout, appelant des vins structurés mais aromatiques, donc relativement jeunes.

L'accord parfait : un pauillac Pichon-Longueville Comtesse de Lalande 1990, dont le nez grillé, la bouche harmonieuse, la concentration et la chair pulpeuse savent se glisser dans le lit du plat avec une rondeur flamande.

L'accord de texture est soyeux, enveloppant. En revanche, les accords aromatiques étaient, lors de la dégustation, encore un peu rugueux.

L'âge passant, les caractéristiques aromatiques se sont fondues. Si vous n'avez pas ce vin, vous resterez pourtant sur ce millésime, éventuellement en Saint-Julien, appellation du Médoc voisin.

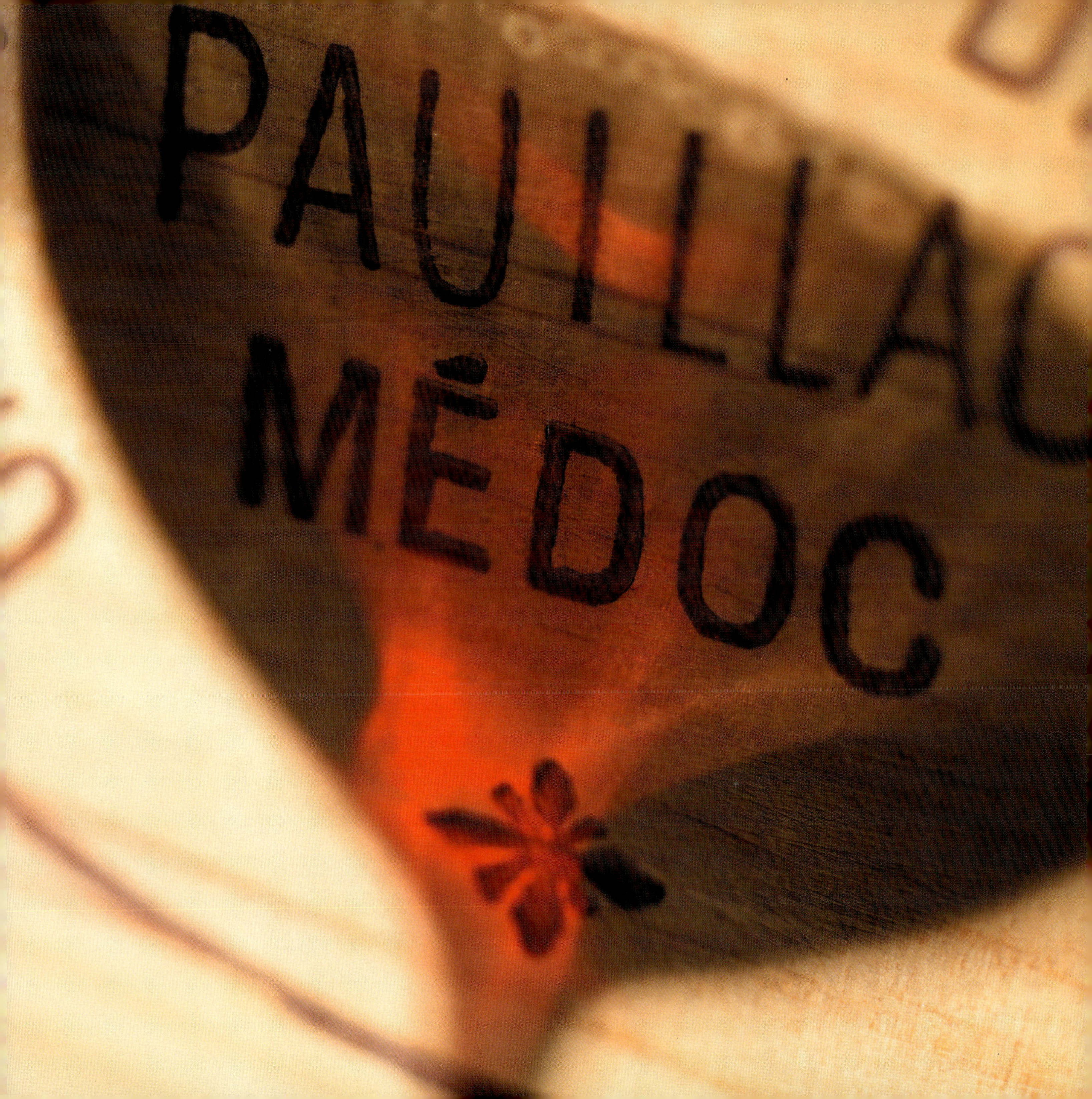
PAUILLAC
MÉDOC

Difficulté : *Minutieux mais facile*
Coût : *Bon marché*
Préparation : *45 minutes*
Cuisson : *15 minutes*
Saison : *Toute l'année*

Dorade à la vinaigrette de curry et petits légumes avec un vin jaune

Le marché
pour 4 personnes

4 filets de dorade avec la peau,
80 g de mini-asperges,
80 g de mini-carottes,
80 g de haricots verts,
80 g de pois gourmands,
80 g de mini-maïs,
8 petits artichauts poivrade,
8 pommes de terre,
100 g de mini-tomates,
100 g de "riz sauvage",
100 g de riz basmati,
1 échalote,
1 cuiller à soupe de coriandre fraîche hachée,
beurre,
jus de citron.

Pour la mayonnaise au curry

2 g de curry,
10 g de moutarde,
1 jaune d'œuf,
jus de citron, sel, poivre.

Pour la vinaigrette

5 cl de vinaigre de vin vieux,
12 cl d'huile d'arachide,
4 cl de jus de truffe,
sel, poivre.

Une chair onctueuse et un accompagnement aromatique qui ne passe pas inaperçu. Au royaume des arômes forts, il faut un vin capable de faire la révérence devant le poisson et de jouer des coudes avec le curry. Seul le vin jaune parvient à se sortir de la mêlée pour marquer un essai.

La cuisine

Préparation des petits légumes : dans une casserole d'eau bouillante salée, faire cuire séparément les mini-asperges, les mini-carottes, les haricots verts et les pois gourmands. Lorsque les légumes sont cuits, les faire refroidir et les tailler en biseau d'1 cm.

Faire cuire 100 g de "riz sauvage" en démarrant la cuisson dans l'eau froide salée jusqu'à léger éclatement des grains (environ 30 minutes).

Pendant ce temps faire revenir dans une sauteuse l'échalote hachée avec du beurre. Ajouter les 100 g de riz basmati, arroser d'eau (une fois et demie la quantité de riz). Faire cuire jusqu'à absorption complète de l'eau (environ 17 minutes). Saler.

➤ Faire cuire les mini-maïs en les plaçant dans de l'eau froide ou du lait porté à ébullition, avec du beurre, du sel et un peu de jus de citron pour éviter qu'ils noircissent. Faire refroidir et couper également en biseau.

Couper les mini-tomates en deux.

Retirer les feuilles et le foin des artichauts et faire cuire les fonds dans 1 litre de blanc (mélange d'eau, de farine, de sel et de jus de citron) environ 12 minutes.

Eplucher les pommes de terre crues, les couper en fine julienne(*). Les rincer, assaisonner légèrement.

Façonner des galettes bien rondes et très fines sur une plaque allant au four. Badigeonner le dessus avec un peu de beurre fondu.

Faire cuire à four chaud (180 °C, thermostat 5) jusqu'à ce qu'elles soient colorées et croustillantes (environ 20 minutes).

Préparation de la sauce au curry : mélanger tous les ingrédients de la mayonnaise. Faire ensuite la vinaigrette dans un autre bol. Verser la vinaigrette sur la base de la mayonnaise et monter la sauce au fouet.

Faire cuire à la vapeur les quatre filets de dorade pendant 4 à 5 minutes selon leur épaisseur.

Mélanger et réchauffer les légumes, le riz basmati et le “riz sauvage” dans une casserole avec un peu d'eau.

Lorsque les légumes sont chauds, ajouter la sauce au curry et continuer à faire chauffer sans porter à ébullition (si la sauce est trop épaisse, ajouter de la crème liquide). Incorporer les tomates crues et la coriandre fraîche hachée.

Présentation : disposer deux fonds d'artichauts en haut de l'assiette, placer dessus deux galettes de pommes de terre.

Faire un cordon sur les bords de l'assiette avec le mélange de légumes et la sauce. Poser le filet de dorade bien chaud au centre.

Le vin

Avec un vin jaune d'un millésime ancien. Le Jaune est un vin du Jura, issu du cépage savagnin, très particulier. Son très long élevage lui donne un caractéristique goût de noix.

Il permettra de jouer sur le contraste entre l'onctuosité de la crème et le caractère sec et minéral du vin.

L'accord parfait : le vin jaune Arbois 1988 de Lucien Aviet, choisi pour sa puissance et sa longueur. Il emballe le plat et se drape dans la sauce sans s'y noyer.

Si vous n'avez pas ce vin, cherchez dans votre cave d'autres jaunes à condition qu'ils soient puissants, structurés et longs et surtout pas trop jeunes. Mais les amateurs de Jaune savent donner du temps au temps...

Difficulté : *Facile*
Coût : *Bon marché*
Préparation : *45 minutes*
Cuisson : *5 minutes*
Saison : *Toute l'année*

Dorade croustillante et purée d'artichauts au foie gras avec un hermitage blanc

Le marché
pour 2 personnes

1 dorade grise de 600 g,
3 gros artichauts,
50 g de foie gras cru,
150 g de barbes de Saint-Jacques,
200 g de beurre,
1/2 botte de ciboulette,
1/2 l de crème,
sel, poivre.

La chair de la dorade est feuilletée, très différente, par exemple, de celle de la lotte, beaucoup plus compacte. Il faut un vin tout en finesse, mais avec du gras. Le croustillant et le foie gras appellent un vin plutôt jeune pour rétablir l'équilibre.

La cuisine

Faire colorer les barbes de Saint-Jacques dans le beurre, jusqu'à ce qu'elles dégorgent toute leur eau, puis ajouter la crème. Faire cuire le tout pendant 30 minutes. Passer dans une passoire fine (chinois). Faire réduire[*] le jus, puis le monter[*] au beurre en fouettant vigoureusement avec un fouet. Ajouter la ciboulette coupée en petits bâtonnets.

Ecailler la dorade sans retirer la peau, détacher les filets de l'arête. Faire deux incisions sur la peau, parallèles et en diagonale.

Cuire les artichauts (15 minutes). Faire une purée avec les fonds.

Couper le foie gras cru en cubes de 1 cm de côté. Les faire colorer à la poêle. Les ajouter à la purée d' artichauts.

Cuire les filets de dorade à la poêle côté peau (3 minutes) pour la faire croustiller. Eteindre le feu.

Retourner le filet de dorade le temps de préparer les assiettes.

Servir avec la purée d'artichauts, le poisson posé dessus (la peau en l'air), la sauce autour.

Le vin

Avec un hermitage blanc (vin du nord de la vallée du Rhône) jeune.

En fait, c'est l'accompagnement qui détermine le style du vin nécessaire. L'artichaut et le foie gras ont besoin d'un petit coup de fouet pour ne pas s'assoupir.

L'accord parfait : l'hermitage blanc 1994 de Chave, qui réussit la quadrature du cercle : fraîcheur face au croustillant, gras face à l'onctuosité de l'accompagnement et trame serrée à la hauteur de celle de la dorade.

Ce sont désormais les hermitages 1995 et 1997 qui apporteront le plus d'énergie à ce plat.

Difficulté : *Facile*
Coût : *Modéré*
Préparation : *20 minutes*
Cuisson : *12 minutes*
Saison : *Eté*

Rougets en papillotes avec un bandol rouge

Le marché
pour 4 personnes

4 rougets vidés d'environ 250 g chacun (mais garder les foies), 200 grammes de varech, 10 cl d'huile d'olive, 1 citron non traité, 1/2 bouquet de persil, 1/2 bouquet de coriandre, sel, poivre.

Pour la sauce vierge
10 cl d'huile d'olive, 1 poivron rouge, 5 olives vertes, 5 olives noires, basilic, jus du citron, sel et poivre.

Un poisson fragile (attention à la cuisson!), au goût prononcé, surtout si on l'accompagne de son foie tartiné sur un pain grillé. Le bandol est ici parfaitement à l'aise. On dit que le mourvèdre doit, pour bien mûrir, voir la mer... Il aime aussi la voir dans son assiette!

La cuisine

Hacher le persil et la coriandre.

Étaler quatre feuilles de papier sulfurisé, les huiler et les couvrir de la moitié du varech. Prélever le zeste du citron, le blanchir en le plongeant 1 minute dans de l'eau bouillante et le hacher.

Confection de la sauce vierge : mélanger l'huile d'olive avec le quart d'un poivron rouge taillé en tout petits dés, les olives vertes et les olives noires coupées en tout petits cubes ainsi que 5 feuilles de basilic finement découpées, le jus du citron, sel et poivre.

Préchauffer le four à 220 °C (thermostat 7).

Poser chaque rouget sur le lit de varech avec les herbes partagées en quatre parts et réparties sur chaque rouget. Saler et poivrer. Recouvrir du reste d'algues.

➤

➤ Fermer les papillotes en repliant le papier sulfurisé trois fois sur lui-même. Mettre au four, cuire 12 minutes en retournant à mi-cuisson.

Servir avec la sauce vierge.

Le vin

Avec un bandol rouge, un vin de la région toulonnaise, arrivé à maturité.

Il faut un vin à la hauteur du goût prononcé du poisson et de sa sauce mais qui ne se laisse pas démonter par la coriandre.

L'accord parfait : le bandol rouge 1983 du Château Vannières, qui est arrivé à maturité, avec des tannins fins, et joue plus la texture et la rigueur que la séduction aromatique.

1988 est également un bon millésime de Bandol pour ce plat. Vous pouvez également essayer les bons côtes-de-provence (en particulier le Clos d'Ière cuvée II du Domaine Rabiega, au grenache toujours gras et mûr) mais il vous faudra alors un millésime un peu plus récent comme 1990 ou 1995.

Difficulté : *Facile*
Coût : *Bon marché*
Préparation : *10 minutes*
Cuisson : *10 minutes*
Saison : *Toute l'année*

Carrelet meunière avec un muscadet

Le marché
pour 4 personnes

2 carrelets de 800 g chacun,
200 g de beurre,
1 citron,
2 cuillers à soupe d'huile d'olive,
sel.

Le carrelet est un poisson peu connu, de texture un peu neutre, mais l'intérêt de la préparation vient surtout du délicieux goût du beurre noisette(*). Sa souplesse permet de l'accompagner de vins très différents.

La cuisine

Prélever les zestes du citron, les blanchir en les plongeant 1 minute dans de l'eau bouillante.

Faire chauffer l'huile dans une grande poêle, y déposer les poissons (côté blanc de la peau au fond), les dorer.

Ajouter 1 cuiller à soupe de beurre. Quand il est fondu, en arroser les poissons. Cuire 5 minutes. Retourner les carrelets, cuire de nouveau 5 minutes sans cesser d'arroser avec le jus. Retirer le carrelet.

Nettoyer la poêle, y faire chauffer le beurre noisette (*). Saler. Ajouter le jus de citron et les zestes finement hachés.

Napper les poissons de sauce et servir immédiatement.

Le vin

Avec un muscadet (vin blanc de la région de Nantes) arrivé à maturité et de caractère.

C'est le zeste de citron qui fait ici camper le plat dans le monde du Muscadet.

L'accord parfait : le muscadet 1989 du Château de la Preuille, choisi pour ses notes d'agrumes bien mûres mais vives et sa jeunesse toujours présente.

Si vous n'avez pas ce vin, il vous faudra user de la souplesse du plat en jouant sur l'accompagnement aromatique (une pointe d'orange mettra en scène un bon gros-plant de la Loire, un chignin-bergeron de Savoie ou une roussanne du Rhône ou du Midi. En revanche, la muscade et le curry évoqueront plutôt les blancs typés des Côtes-du-Jura...).

Abats viandes et gibiers

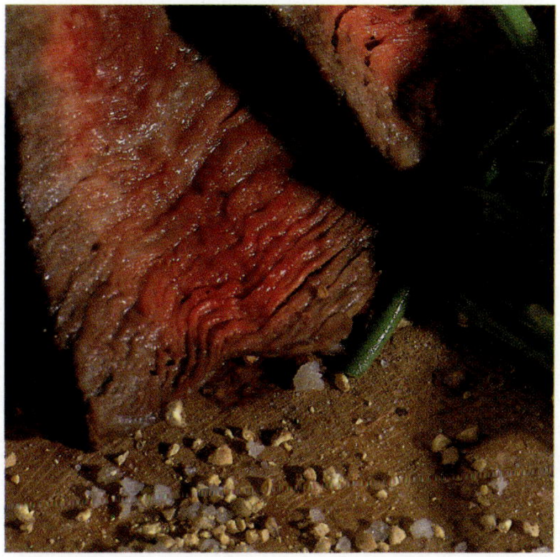

Difficulté : *Facile*
Coût : *Elevé*
Préparation : *1 heure*
Cuisson : *15 minutes*
Saison : *De février à juin (période de l'asperge française)*

Poularde au citron confit avec un sancerre blanc

Le marché
pour 4 personnes

2 poulardes de Bresse,
huile d'olive,
2 cuillers à soupe d'huile d'arachide,
1 citron en tranches,
1 orange en tranches,
quelques gouttes de vinaigre balsamique,
8 asperges,
16 mini-asperges,
20 carottes en botte,
1 bouquet garni (poireau, carotte, oignon, persil, ail, 2 clous de girofle),
2 oignons émincés,
32 pois gourmands,
coriandre,
sel et sucre,
un peu de ciboulette ciselée(*),
beurre.

Poularde bien en chair recherche sancerre beau et riche... Ce sont les notes confites de la préparation et le moelleux de la volaille qui servent de fil d'Ariane dans cette recherche du partenaire idéal. L'asperge, si souvent difficile à marier avec le vin, sera demoiselle d'honneur.

La cuisine

Faire confire une bonne heure les tranches de citron et d'orange avec l'huile d'olive, la coriandre, le sel et 1 cuiller à café de sucre au four à 60 °C (thermostat 1). Lever(*) les poulardes. Les mettre le ventre en l'air, ôter les deux blancs (suprêmes) et les cuisses.

Préparation du fond blanc : vider les carcasses, les casser, recouvrir à hauteur d'eau. Les mettre à bouillir 35 minutes avec le bouquet garni. Passer dans une passoire fine (chinois).
Faire cuire les cuisses environ 20 minutes dans le fond blanc. Les laisser refroidir dans le liquide. Les désosser et les tailler en bâtonnets pas trop larges. Faire réduire(*) le fond blanc jusqu'à obtenir environ 0,7 dl de liquide.
Décoller délicatement la peau des suprêmes. Assaisonner. Placer une tranche de citron et d'orange confits et recouvrir de la peau. Passer la peau au beurre. Faire rôtir au four à 200 °C (thermostat 6) pendant 12 à 15 minutes, selon la grosseur. Vérifier la cuisson. Garder au chaud avec une noix de beurre (pour qu'ils ne se dessèchent pas).

Pendant ce temps, faire cuire les pois gourmands, les carottes puis les grosses asperges épluchées dans de l'eau salée bouillante. Mettre de côté les têtes, tailler les tiges en tout petits cubes. Emincer les oignons. Les colorer au beurre dans une petite poêle. Ajouter les bâtonnets de cuisses, les carottes, les pois gourmands, les mini-asperges et un peu de fond blanc pour que le tout compote bien. Assaisonner.

Préparation de la sauce : verser un peu d'huile d'arachide dans le fond blanc. Ajouter les petits cubes d'asperges. Faire chauffer. Ajouter la ciboulette au dernier moment (sinon elle noircit).

Présentation : placer les têtes des grosses asperges (après les avoir rapidement réchauffées dans de l'eau chaude) en arc-de-cercle, tête vers le centre de l'assiette. Sortir les suprêmes du four, les trancher en 4 et disposer les morceaux en arc-de-cercle.

Mettre sur une petite assiette les mélanges de légumes et de bâtonnets de cuisses. Verser la sauce autour de la poularde. Ajouter quelques gouttes de vinaigre balsamique.

Le vin

Avec un sancerre blanc, un vin de la vallée de la Loire, issu du cépage sauvignon. Il faut un vin puissant et dense pour tenir tête à l'amertume de l'asperge.

L'accord parfait : avec le sancerre blanc 1990 de Crochet dont la maturité et les premières notes d'évolution lui permettent de bien se marier aux notes confites du plat.

Si l'on veut rester sur le même millésime, désormais un peu plus évolué, on augmentera la part d'orange confite pour la rendre plus suave. On peut commencer, dans la même appellation, à s'orienter vers le 1993, voire le 1995 (on privilégiera alors le citron confit).

Difficulté : *Facile*
Coût : *Elevé*
Préparation : *45 minutes*
Cuisson : *15 minutes*
Saison : *Automne*

Poularde aux écrevisses et aux cèpes avec un champagne

Le marché
pour 4 personnes

2 poulardes de 1,2 à 1,5 kg, garniture aromatique (1 oignon émincé, 1 carotte taillée en dés, 1/2 branche de céleri), 1 bouquet garni, riz basmati.

Pour la sauce aux écrevisses
16 écrevisses, 400 g de cèpes frais émincés, 1 oignon émincé grossièrement, 1 carotte taillée en dés, 2 tomates bien mûres, 2 cuillers à soupe d'huile d'olive, 1 dl de cognac, 1 dl de vin blanc, 1/2 l de crème liquide, 1 bouquet garni, sel, poivre blanc.

Pour les feuilletés
100 g de pâte feuilleté, 300 g de cèpes taillés en lamelles, huile d'olive, sel, poivre blanc, quelques pluches de cerfeuil pour le service.

Les viandes blanches demeurent un grand classique du champagne à table. Pour l'accord des couleurs blondes, le moelleux taquiné par les bulles et le mariage avec les champignons si vous choisissez un champagne qui a commencé à évoluer aromatiquement tout en gardant sa nervosité.

La cuisine

Préparation des poulardes : lever(*) les suprêmes (blancs) des poulardes en laissant l'os (Cela peut être fait par le volailler, mais il faut absolument lui demander de garder l'os qui empêchera la chair de se rétracter à la cuisson), ainsi que les cuisses. Garder les carcasses pour la préparation du fond blanc.

Préparation du fond blanc : concasser grossièrement les carcasses de poularde, les placer dans une large cocotte, couvrir d'eau, ajouter la garniture aromatique et le bouquet garni. Porter à ébullition, laisser frémir pendant 35 minutes en écumant de temps en temps. Filtrer à travers une fine passoire et mettre de côté. Quinze minutes après le début de l'ébullition, mettre les cuisses dans le fond blanc. Les sortir après 20 à 25 minutes de cuisson selon la grosseur. Coupées en dés et mélangées à un riz basmati (cuit à l'eau bouillante, jusqu'à ce que les grains commencent à éclater, au bout de 17 minutes environ), elles serviront d'accompagnement.

Préparation et cuisson des écrevisses : mettre de côté 4 écrevisses entières pour les cuire 2 minutes à la vapeur (elles serviront pour la décoration des assiettes).
Mettre les 12 écrevisses restantes dans une passoire, rincer soigneusement sous l'eau froide. Les châtrer (saisir chaque écrevisse par le milieu du corps. Pincer entre le pouce et l'index la palme qui se trouve exactement au milieu de la queue. La lever à la verticale pour rompre l'articulation et tirer. L'intestin de l'animal qui mesure à peu près la longueur de la queue suivra).

Préparation de la sauce aux écrevisses : séparer les têtes des écrevisses et les concasser. Poser une casserole contenant 2 cuillers à soupe d'huile sur feu vif.
Quand l'huile est chaude, mettre les têtes d'écrevisses concassées pendant environ 2 minutes, puis ajouter les queues des cèpes émincées, l'oignon émincé grossièrement et la carotte taillée en dés. Cuire 2 minutes. Déglacer(*) avec le cognac, faire réduire(*) à sec jusqu'à disparition du liquide, ajouter le vin blanc et faire réduire à sec(*) jusqu'à totale évaporation.

Ajouter la crème liquide et le bouquet garni, porter à petite ébullition pendant 15 à 20 minutes. Bien mixer le tout après avoir enlevé le bouquet garni et passer à travers une fine passoire sans trop presser le mélange. Assaisonner la sauce obtenue de sel et poivre blanc et la mettre de côté.

Confection des feuilletés : préchauffer le four à 180 °C (thermostat 5). Etaler la pâte feuilletée sur un plan de travail fariné pour obtenir une épaisseur d'environ 3 mm.
Confectionner des disques de 4 cm de diamètre environ à l'aide d'une petite tasse renversée.

Les placer sur une plaque pouvant aller au four et les faire cuire pendant environ 16 minutes, jusqu'à ce qu'ils soient dorés et bien gonflés. Les sortir du four, les faire refroidir et creuser l'intérieur à l'aide d'un petit couteau.

➤

➤ **Cuisson des suprêmes de poularde :** faire pocher les suprêmes de poularde dans le fond de volaille, tout juste frémissant surtout sans bouillir, pendant environ 12 à 15 minutes suivant leur poids. Emincer les têtes de cèpes en tranches un peu épaisses.

Cuisson des queues d'écrevisses et des cèpes : faire revenir rapidement les queues d'écrevisses dans un peu d'huile d'olive. Les enlever et les décortiquer. Pendant ce temps, ajouter une noix de beurre, faire revenir les cèpes émincés avec sel et poivre. Ajouter les queues d'écrevisses. Egoutter le gras de la sauteuse. Mettre 6 à 8 cuillers à soupe de sauce aux écrevisses. Maintenir au chaud.

Finition et présentation : placer les feuilletés en haut des assiettes chaudes. Les remplir du mélange écrevisses-cèpes-sauce. Napper le bas de l'assiette d'un cordon de sauce. Couper les suprêmes en quatre tranches égales et les disposer sur la sauce. Placer en haut de chaque assiette une écrevisse entière décortiquée et quelques pluches de cerfeuil pour la décoration. Servir immédiatement avec le riz sur une petite assiette à part, entouré d'un cordon de sauce.

Le vin

Avec un champagne

Les viandes blanches sont un classique de l'accord avec le champagne. On choisira une grande cuvée dans un millésime épanoui.

L'accord parfait : avec un Dom Ruinart 1985, évolué, procurant de superbes accords aromatiques avec les cèpes, et dont la chair fine s'accorde bien à celles de la poularde et des écrevisses.

Cet accord a été réalisé en 1992. Les grands 1985 ont toujours bon pied bon oeil sur ce plat. Mais on peut aussi choisir désormais des vins plus jeunes, surtout des 1990. Si vous avez des 1988, ce sera un nouvel accord parfait.

Difficulté: *Minutieux mais facile*
Coût: *Elevé*
Préparation: *30 minutes*
Cuisson: *1 heure*
Saison : *Toute l'année*

Poularde en sauce aux épices "thaï" et maïs éclaté avec un pouilly-fuissé

Le marché
pour 4 personnes

2 poulardes préparées par le volailler, 2 oignons émincés, 2 gousses d'ail, 80 g de maïs à éclater (pour "pop-corn"), 30 g de sucre, huile et beurre.

Pour la base
de la sauce "thaï"
75 cl d'eau, 35 cl de vinaigre de riz, 500 g de sucre, 25 g de piment, 190 g de poivron rouge taillé en dés, 45 g d'ail émincé(*), 45 g de gingembre haché, sel, 20 g de farine de tapioca.

Pour la sauce
50 g de fenouil taillé en brunoise (petits cubes de 1 mm), 1 pincée de curry, 2 cl de vin blanc, 2 dl de base de sauce "thaï", 100 à 200 g de beurre 1/2 jus de citron, sel et poivre.

Pour la garniture
50 g de beurre, 16 mini-maïs, 16 petits bouquets de brocoli, thym et laurier.

Un plat aux multiples saveurs suaves ou épicées, alliant des textures très diverses. Le vin doit être un parfait diplomate, un conciliateur. Toutefois, il ne devra pas mettre sa personnalité dans sa poche.

La cuisine

Préparation de la base de la sauce "thaï" : mélanger tous les ingrédients sauf la farine de tapioca. Porter à ébullition et laisser infuser. Délayer à part la farine de tapioca avec un peu de liquide de l'infusion, la rajouter au tout pour épaissir la préparation.

Cette base de sauce est utilisée dans une autre recette ("Ris de veau aux écrevisses"). Elle se garde sans limitation de temps au réfrigérateur et peut servir pour assaisonner des salades.

Préparation des filets : lever(*) les cuisses des poulardes puis les filets en gardant l'os du dessous (l'opération peut être demandée au volailler. Il faut absolument garder l'os sous les filets : il empêchera la chair de se rétracter à la cuisson).

Concasser les carcasses (en coupant les os avec un sécateur de cuisine). Mettre les os coupés dans une sauteuse avec un peu ➤

➤ d'huile et de beurre, les oignons émincés, le thym et l'ail. Ajouter les cuisses. Faire revenir et colorer.

Ajouter un peu d'eau pour avoir du jus (et empêcher la préparation de brûler). Cuire au four pendant 25 à 45 minutes. Récupérer les oignons confits et le jus à la fin de la cuisson.

Préparation de la sauce : prendre la brunoise(*) de fenouil. Ajouter une pincée de curry. Cuire 2 minutes. Déglacer(*) avec le vin blanc. Ajouter 2 dl de base de sauce "thaï". Porter à ébullition et faire légèrement réduire (*). Monter au beurre en ajoutant le beurre morceau par morceau tout en battant vigoureusement au fouet (la quantité de beurre varie, de 100 à 200 g, en fonction du désir d'obtenir une sauce plus ou moins épicée). Ajouter le jus de citron. Garder au chaud.

Cuisson des filets : saler et poivrer les filets. Bien les colorer des deux côtés (mais surtout du côté peau) dans une cocotte en fonte. Quand les filets sont bien colorés, ajouter, jusqu'au tiers de leur hauteur, de la base de sauce "thaï" et de l'eau à égalité. Les cuire au four 12 ou 15 minutes selon la grosseur. Le dessus sera plus croustillant, le dessous plus compoté. La préparation doit se faire peau en l'air.

Pendant la cuisson des filets, faire cuire à l'eau les mini-maïs et les bouquets de brocoli.

Laver la salade. L'assaisonner d'une vinaigrette légère.

Désosser les cuisses. Les tailler en grosses lanières. Mélanger à la salade qui sera ainsi légèrement cuite.

Dans une poêle, mettre 1 cuiller d'huile. Lorsqu'elle est bien chaude, ajouter les maïs à souffler et couvrir. Faire éclater les maïs. Lorsqu'ils sont bien éclatés, ajouter 30 g de sucre pour caraméliser légèrement. Garder au chaud.

Retirer les os des filets. Trancher les filets.

Faire revenir rapidement maïs et brocoli avec les oignons confits et le jus de cuisson des cuisses.

Présentation : placer dans l'assiette les tranches de filet. Les napper de la sauce. En haut de l'assiette, disposer les bouquets de brocoli et les mini-maïs. Servir avec, sur des assiettes séparées, a salade et le maïs soufflé.

Le vin

Avec un pouilly-fuissé, vin blanc de Bourgogne, qui doit être gras et riche.

L'accord parfait : avec le pouilly-fuissé La Roche 1989 de Guffens, choisi pour ses notes aromatiques mariant le miel et le minéral et pour son extrême longueur.

Réalisé il y a 5 ans, cet accord accepte désormais, dans la même appellation, des vins un peu plus jeunes commc le 1993. Seules conditions : être gras, riche et parfaitement structuré par l'acidité.

Difficulté : *Facile*
Coût : *Elevé*
Préparation : *45 minutes*
Cuisson : *30 minutes*
Saison : *Juin/juillet (pour le tilleul)*

Suprêmes de poularde au tilleul avec un vouvray

Le marché
pour 4 personnes

2 poulardes de Bresse,
150 g de tilleul frais,
50 g de beurre,
6 dl de fond blanc,
16 mini-carottes,
8 mini-fenouils,
250 g de pois gourmands,
un peu de miel,
sel, poivre, beurre.

Pour la sauce
1/2 oignon haché,
1 dl de vouvray,
4 dl de fond blanc,
150 g de tilleul frais,
4 dl de crème liquide,
zestes de citron.

Prévoir quelques légumes (carottes, oignons, poireaux) et un bouquet garni pour le fond blanc.

Parmi les multiples visages du chenin, cette préparation, adoucie d'un soupçon de miel, permet de mettre en valeur un vin gardant du sucre résiduel, à condition qu'il soit le résultat de vendanges très mûres.

La cuisine

Lever(*) les suprêmes (blancs) des poulardes. Préparer le fond blanc avec les carcasses vidées, les petits légumes et le bouquet garni. Couvrir juste d'eau et laisser mijoter pendant 35 minutes. Passer le fond blanc au travers d'une passoire fine (chinois). Prendre 6 dl de fond blanc, le porter à ébullition. Ajouter 150 g de tilleul frais et les suprêmes de volaille avec leur peau. Laisser cuire très doucement pendant 12 à 15 minutes. Vérifier la cuisson. Faire cuire à l'eau les mini-carottes et les mini-fenouils coupés en deux. Les pois gourmands doivent être juste blanchis (plongés 2 minutes dans l'eau bouillante).
Dans une casserole, faire fondre une noix de beurre, ajouter les carottes, les fenouils et les pois gourmands, les faire revenir ensemble sans coloration. Ajoutez une cuiller à café de miel, mélanger bien. Assaisonner.

Confection de la sauce : dans une casserole, faire revenir doucement l'oignon haché dans une noix de beurre. Déglacer(*) avec le vouvray, réduire(*) de moitié, ajouter 4 dl de fond blanc et le reste

de tilleul frais (150 g). Réduire(*) de 3/4. Ajouter la crème liquide et laissez cuire doucement pour obtenir une sauce onctueuse. Vérifier l'assaisonnement, passer au travers d'une passoire fine (chinois). Ajouter quelques zestes de citron blanchis en les plongeant 1 minute dans de l'eau bouillante.
Prendre les suprêmes pochés, les poêler côté peau dans du beurre pour leur donner une belle coloration. Passer un soupçon de miel sur la peau et les couper (en deux ou quatre selon la taille).

Présentation : placer les suprêmes dans le bas de l'assiette, un petit bouquet de légumes dans le haut et la sauce autour. Servir bien chaud.

Le vin

Avec un vouvray, vin blanc de la vallée de la Loire issu du cépage chenin, d'année très mûre. Il doit être riche et garder un peu de sucre résiduel, important pour accompagner le plat dans sa texture opulente et ses arômes fins mais très présents. Les chenins plus minéraux divorceraient avec la crème en se montrant trop secs.

L'accord parfait : avec un vouvray Peu de la Moriette 1989 de Jean-Claude Pichot qui habille le plat en faisant la liaison avec la sauce. Il en épouse la densité et la dominante aromatique sans s'endormir en transformant le tilleul en tisane. Il est particulièrement gourmand avec la peau caramélisée.

Réalisé en 1995, cet accord est toujours valable. On peut cependant commencer à essayer des 1993 qui ont un peu moins de corps et sont plus prêts. Les millésimes plus récents sont encore à attendre. Si vous souhaitez utiliser d'autres demi-secs de la vallée de la Loire, il faudra faire des essais. C'est l'équilibre entre le sucre et l'acidité qui rend justice au plat. La quantité de zestes d'agrumes (citron, pamplemousse ou orange) ajoutée à la sauce permet de la rectifier en fonction du vin.

Difficulté : *Facile*
Coût : *Modéré*
Préparation : *20 minutes*
Cuisson : *15 minutes*
Saison : *Chasse*

Salade de perdrix au chou avec un pommard

Le marché
pour 2 personnes

2 tablettes de bouillon de volaille,
1 perdrix plumée, vidée et bridée (*),
1 chou vert moyen,
1 cuiller à café de vinaigre de xérès,
2 tranches de foie gras cru,
5 cuillers à café d'huile d'arachide (ou huile de noix selon le goût),
sel, poivre.

Un plat de plaisir immédiat, aux accents de terroir et de chasse, fort en goûts et en textures mais fin. Franchise, finesse et saveur sont trois qualités que sait faire apprécier le pommard. L'accord est spontané avec une cuisine franche et sans artifice.

La cuisine

Faire un bouillon de volaille et y plonger la perdrix pendant 9 minutes.

Couper le chou et laver les feuilles.

Découper la perdrix, mettre de côté les suprêmes (blanc) et replonger les cuisses dans le bouillon (elles cuisent moins vite que les suprêmes) et la carcasse coupée en morceaux. Laisser infuser l'ensemble pendant 5 bonnes minutes (en écumant de temps à autre). Faire une vinaigrette.

Sortir les morceaux de perdrix du bouillon. Mettre à la place les feuilles de chou bien immergées pendant 5 à 10 minutes selon leur tendresse. Egoutter le chou cuit (il doit rester croquant) et le placer dans un saladier, le mélanger à la vinaigrette. Après avoir fait réchauffer dans le bouillon les morceaux de perdrix, les tailler en fines escalopes.

➤ Couvrir les assiettes de chou. Placer les morceaux de perdrix sur le pourtour. Poêler les tranches de foie gras cru comme un steack, les placer au centre de l'assiette. Passer les assiettes au four pendant 1 minute et servir immédiatement.

Le vin

Avec un pommard, vin rouge bourguignon de la région de Beaune.

Il doit être jeune (pour être souple devant les différentes textures) mais déjà mûr (pour la tonalité chasse).

L'accord parfait : avec un 1989 les Epenots de Parent ou les Fremiets de Coste-Caumartin, choisi pour les correspondances de textures (pleine et légèrement craquante pour le chou, dense pour la perdrix, pleine et serrée pour les vins) et de saveurs (fins arômes du gibier, fruit des vins).

Réalisé en 1993, cet accord doit être actualisé, toujours dans la même appellation, tout en gardant le fil conducteur : un vin jeune, soyeux et mûr. On ira donc chercher du côté des 1994 et 1995...ou carrément du côté du grand 1990 si vous avez su jouer la fourmi prévoyante dans vos achats!

Difficulté : *Facile*
Coût : *Elevé*
Préparation : *15 minutes*
Cuisson : *1 heure 30*
Saison : *Chasse*

Perdreau au chou avec un corton rouge

Le marché pour 4 personnes

1 gros chou,
3 beaux perdreaux préparés,
1 oignon,
1 carotte,
1 gousse d'ail,
1 dl de fond de volaille (éventuellement préparé à partir d'un cube),
6 cl de vin blanc,
250 g de saucisse de Toulouse coupée en 4 morceaux,
250 g de poitrine de porc frais coupée en 4 morceaux,
1 clou de girofle,
bouquet garni,
sel, poivre,
beurre,
huile.

Un plat un peu plus corsé que le précédent, dont l'opulence aurait fait broncher le pommard. Reste que la diversité des climats de la montagne magique de Corton, de la finesse des Bressandes à la charpente des Renardes, ne le rend pas facile à marier. Le plan de table est délicat à réaliser.

La cuisine

Effeuiller et laver le chou, enlever les côtes.

Éplucher l'oignon et la carotte, couper l'oignon en quatre et le piquer du clou de girofle. Couper la carotte en rondelles.

Faire colorer dans une sauteuse l'un des trois perdreaux (il donnera du goût), la saucisse de Toulouse et la poitrine de porc. Ajouter l'oignon et la carotte. Déglacer(*) avec le vin blanc. Ajouter le chou, le bouquet garni et le fond de volaille. Couvrir et faire cuire 1 heure 30 au four (enlever la saucisse après 25 minutes de cuisson).

Environ 20 minutes avant la fin, colorer les deux autres perdreaux à feu vif. Les mettre au four avec une noix de beurre, de l'huile, sel et poivre, pendant 12 à 15 minutes (ils ne doivent pas être trop cuits). Cinq minutes avant la fin, rajouter la saucisse dans le chou.

➤ Lorsque le chou est cuit, retirer l'oignon, le bouquet garni et le perdreau cuit avec le chou. Il pourra servir plus tard pour une salade.

Rectifier l'assaisonnement.

Servir avec les deux perdreaux rôtis coupés en deux pour faire quatre parts.

Le vin

Avec un corton rouge, un bourgogne de la région de Beaune.

Il ne doit pas être trop fruité (pour ne pas faire la guerre au fumé du lard) mais souple (pour s'accorder au chou compoté). En matière de Corton, le terroir, l'âge des vins et surtout le style des vinifications donnent des vins très différents.

L'accord parfait : le corton 1991 de Tollot-Beaut, car la chair fine du perdreau rehausse sa chair et sa complexité.

On peut désormais, dans la même appellation, aborder un millésime plus jeune, 1992 ou 1994, et explorer surtout le climat des Bressandes.

Difficulté : *Facile*
Coût : *Modéré*
Préparation : *30 minutes*
Cuisson : *35 minutes*
Saison : *Toute l'année*

Canette au beurre rouge avec un chambertin

Le marché
pour 4 personnes

2 canettes de 1,9 kg vidées et bridées(*), un peu de confiture de quatre-fruits, 1 oignon, 1 carotte, 1 gousse d'ail, salade verte, vinaigrette.

Pour la sauce
3 échalotes hachées, 3/4 de litre de vin rouge, 1/4 d'une feuille de laurier, 1 branche de thym, 1 pincée de poivre mignonnette, confiture de quatre-fruits, 300 g de beurre, sel et poivre.

Avec la chair jeune, moelleuse et discrètement parfumée, rehaussée d'une pointe fruitée, de la canette, il faut un vin fin, élégant, aux tannins fondus mais qui garde de la fraîcheur.

La cuisine

Dans une poêle, assaisonner et colorer les canettes sur toutes les faces. Les disposer sur une plaque à rôtir avec 1 cuiller à soupe d'huile, un oignon coupé en morceaux, une carotte coupée en morceaux, une gousse d'ail écrasée .

Badigeonner les canettes de confiture de quatre-fruits et les faire cuire au four pendant 12 à 15 minutes. Laisser reposer pendant 20 minutes.

Préparation du beurre rouge : dans une casserole, assembler échalotes, vin rouge, thym, laurier, mignonnette de poivre, et faire réduire(*) jusqu'à obtenir 3 cuillers à soupe de liquide. Monter(*) le tout avec les 300 g de beurre ramolli morceau par morceau, au fouet. Passer la sauce au travers d'une passoire fine (chinois), ajouter 1/2 cuiller de confiture de quatre-fruits et rectifier l'assaisonnement. Garder au chaud.

Sortir les canettes du four. Lever(*) les aiguillettes de canettes et les émincer(*).

➤

➤ Remettre les cuisses au four 5 à 10 minutes. Les sortir, désosser. Filtrer le jus de cuisson avec un chinois(*) pour récuperer les sucs de la viande. Faire une salade verte avec une vinaigrette et le jus de cuisson, y mêler les cuisses taillées en lanières.

Servir très chaud avec le beurre rouge.

Le vin

Avec un chambertin, grand vin rouge bourguignon de la région de Nuits-Saint-Georges.

Il faut particulièrement accorder l'âge du vin à la nature du canard. Une espèce sauvage appellera un vin évolué, par exemple le Clos-de-Bèze 1978 de Faiveley pour ses notes fumées.

L'accord parfait : le chambertin Clos-de-Bèze 1989 de Rousseau, qui réalise le meilleur accord de texture, pour la finesse de son grain, son caractère enveloppant, très suave.

Réalisé en 1994, cet accord est toujours d'actualité (le vin évolue lentement). Cependant, il peut être réactualisé avec un millésime plus jeune comme 1991, éventuellement 1994. Les 1990, 1993 et 1995 sont en revanche encore trop jeunes.

Difficulté : *Facile*
Coût : *Très élevé*
Préparation : *45 minutes*
Cuisson : *15 minutes*
Saison : *Hiver*

Canard sauvage au céleri et aux truffes avec un côte-rôtie

Le marché pour 4 personnes

2 petits canards,
40 g de gorge de porc hachée fin,
40 g de foie gras,
10 g de truffes hachées,
2 pincée de quatre-épices,
1 cuiller à soupe d'armagnac,
sel, poivre,
chapelure.

Pour la sauce crémée
un coeur de céleri branche,
40 cl de crème fleurette,
un peu de truffe hachée.

Pour les gâteaux de céleri
un céleri rave,
éventuellement lait,
quelques rondelles de truffe,
sel et poivre.

Une chair tendre mais serrée, haute en goût, confrontée à des saveurs qui ne le sont pas moins. Il faut un vin moelleux mais doté d'une solide colonne vertébrale.

La cuisine

Demander au volailler de lever(*) les suprêmes (*) des canards. Les réserver(*). Faire une farce avec les cuisses de canard désossées et hachées, le foie gras et tous les ingrédients. Saler, poivrer.

Préparation des gâteaux de céleri : découper un céleri rave en tranches de la même épaisseur. Beurrer un plat allant au four. Disposer les rondelles en couches. Glisser quelques rondelles de truffe. Verser le lait chaud sur les rondelles de céleri. Mettre à four chaud, modérer la chaleur quand le lait bout. Cuire 45 minutes.

Cuisson du canard : colorer la peau des suprêmes(*). Couvrir chacun d'une couche de farce sur le côté opposé à la peau (presser la farce sur le suprême pour la faire adhérer). Saupoudrer de chapelure. Poêler à feu moyen 5 minutes de chaque côté. Laisser reposer, feu éteint, 3 minutes dans la poêle.

➤

➤ **Préparation de la sauce crémée :** mixer un coeur de céleri branche pour en faire une purée. Faire cuire avec 50 cl de crème fleurette. Ajouter un peu de truffe.

Servir avec la sauce crémée et un petit gâteau de céleri-rave.

Le vin

Avec un côte-rôtie, un cru du nord de la vallée du Rhône qui n'existe qu'en rouge.

Un vin issu de syrah s'impose d'autorité car il faut qu'il soit à la fois moelleux, aromatique et doté d'une colonne vertébrale bien dessinée. Sans perdre ces qualités, le vin doit être évolué pour proposer des notes tertiaires capables de se fondre dans les arômes forts de la volaille et de la truffe. On ira donc le chercher du côté des vins du nord de la vallée du Rhône.

L'accord parfait : le côte-rôtie La Landonne 1978 de Guigal, un vin puissant, au corps énorme mais fin, toujours jeune avec ses notes fruitées (cassis), extrêmement moelleux. Il est parfait, à la fois voluptueux, animal et fin.

Si vous ne l'avez pas en cave, il faut une syrah de grande année, issue des nouvelles vinifications qui accentuent le gras pour souligner le caractère onctueux. On restera donc dans le nord de la vallée du Rhône (hermitages de Chave et Chapoutier, saint-joseph d'André Perret, cornas de Jean Lionnet ou du domaine Courbis), toujours dans des millésimes évolués (1988, éventuellement 1991 et 1994).

Difficulté : *Facile*
Coût : *Modéré*
Préparation : *20 minutes. Prévoir une marinade d'une nuit*
Cuisson : *1 heure 30*
Saison : *Automne-Hiver*

Canette rôtie et braisée avec un cornas

Le marché
pour 4 personnes

1 canette de 2 kg,
1 l de vin rouge,
60 g de carottes,
4 gousses d'ail,
60 g d'oignons,
1 branche de céleri,
1 bouquet garni,
4 belles feuilles de chou vert,
250 g de cèpes,
100 g de crépine,
sel, poivre,
huile d'olive.

Un plat opulent et gourmand, évocateur d'automne, de senteurs d'humus et de sous-bois. Il appelle un vin puissant, corsé, campé sur sa structure mais commençant à évoluer.

La cuisine

La veille, lever(*) les cuisses de la canette et les mettre à mariner avec tous les légumes et aromates dans le vin rouge pendant une nuit.

Lever(*) les filets avec l'os. Garder au frais.

Le jour même, faire braiser les cuisses à feux très doux environ 90 minutes à feu doux dans la marinade. Dès qu'elles sont cuites, les retirer et faire réduire(*) le vin rouge du braisage pour obtenir une sauce onctueuse. Le passer à la passoire fine (chinois). Saler, poivrer.

Nettoyer les cèpes. Garder les têtes. Couper les queues en dés moyens. Les faire sauter à la poêle. Réserver(*).

Faire blanchir les feuilles de chou entières en les plongeant dans de l'eau bouillante. Les rafraîchir sous l'eau froide.

Effilocher les cuisses de canard, mélanger avec les queues de cèpes et un peu de sauce de la réduction(*).

Envelopper cette farce dans les feuilles de choux. Envelopper le tout de crépine. Faire cuire une dizaine de minutes au four.

Pendant la cuisson des choux, poêler les filets de canard jusqu'à obtention d'un léger rosé. Emincer les têtes de cèpes. Faire sauter dans un mélange égal de beurre et d'huile d'arachide. Saler, poivrer. Saupoudrer d'une pincée de thym frais et ajouter une gousse d'ail écrasée avec la peau.

Placer les cuisses braisées dans le haut de l'assiette, les filets émincés en 4 ou 5 morceaux dans le bas avec un cordon de sauce.

Le vin

Avec un cornas puissant et évolué. Ce cru du nord de la vallée du Rhône, qui n'existe qu'en rouge, donne des vins puissants.

Les vins jeunes, trop sur le fruit et surtout s'ils sont encore marqués par le bois, renâcleront devant l'obstacle de la sauce.

L'accord parfait : un cornas 1990 de Thierry Allemand, choisi pour ses arômes évolués, sa bouche fondue mais sa fraîcheur préservée.

Réalisé récemment, cet accord est toujours valable. On peut éventuellement, dans la même appellation, prendre des 1994 ou 1995 qui ont un peu moins d'ampleur et évoluent plus vite. En revanche, les 1988 sont actuellement à point.

Difficulté : *Facile*
Coût : *Modéré*
Préparation : *2 heures*
Cuisson : *10 minutes*
Saison : *Toute l'année*

Pigeon à la purée de pois cassés avec un margaux

La purée de pois cassés, à la texture finement granulée, accueille avec générosité les vins tanniques. Le pigeon, à la chair ferme et fine, appelle un vin jeune. Margaux peut prendre ces deux directions.

Le marché pour 4 personnes

4 pigeons préparés en crapaudine pesant environ 550 g (demander au boucher de réaliser la préparation).

Pour la sauce
250 g de pois cassés,
1/2 carotte,
1/2 branche de céleri,
1 oignon,
1/2 blanc de poireau,
1 bouquet garni,
sel et poivre.

Pour la finition de la sauce
80 g de beurre,
8 cl de crème liquide.

Pour la garniture
6 fonds d'artichauts crus,
120 g de poitrine fumée coupée en dés,
4 cuillers à soupe de persil haché,
sel et poivre,
40 g de beurre.

La cuisine

Dans une grande casserole, mettre les pois cassés et les aromates. Ajouter 1 litre d'eau. Faire cuire doucement pendant 2 heures.

Couper les fonds d'artichauts en dix.

Dans une autre casserole, faire revenir le beurre et la poitrine fumée. Ajouter les artichauts et une petite pointe d'eau.
Faire cuire le tout à feu doux pendant 15 à 20 minutes.

Faire griller sur un grill les pigeons côté peau entre 15 et 20 minutes pour bien les colorer. Réserver(*).

Passer les pois cassés au mixeur afin d'obtenir une purée bien lisse. La mettre dans une casserole, ajouter 80 g de beurre et un peu de crème bouillante pour obtenir une crème onctueuse.

Rectifier l'assaisonnement.

Faire réchauffer les artichauts et ajouter le persil.
Rectifier l'assaisonnement.

Terminer la cuissson des pigeons à four chaud pendant environ 5 minutes. Servir avec la purée et les fonds d'artichauts à part sur une petite assiette.

Le vin

Avec un margaux jeune, un des grands vins rouges du Médoc bordelais.

On ne recherchera pas un vin trop élégant qui ne saurait pas parler la bouche pleine de purée de pois cassés. Il faut un vin aimablement rustique qui associe fraîcheur et structure.

L'accord parfait : avec le margaux Château Siran 1988, charnu, riche, élégant, encore fruité et à la structure tannique présente.

Réalisé en 1993, cet accord sensuel appelle désormais un margaux plus jeune, 1993 ou 1995 pour retrouver le fruit
même si ces millésimes sont moins fortement constitués.

Difficulté : *Facile*
Coût : *Bon marché*
Préparation : *30 minutes*
Cuisson : *40 minutes*
Saison : *Eté*

Le marché
pour 4 personnes

4 pigeons préparés,
16 prunes rouges bien mûres,
1 gousse d'ail,
50 g de beurre,
6 petits oignons nouveaux émincés,
1 bouquet garni.

Pigeon aux prunes rouges avec un corton rouge

La chair dense gorgée de sang du pigeon cherche dans le vin une texture à son image. La compote de prunes veut le séduire sur son fruit. Un corton rouge jeune a toutes ses chances en galant...

La cuisine

Couper les prunes en deux et retirer les noyaux. Les placer dans une sauteuse et faire cuire au four moyen pendant 35 à 40 minutes en remuant de temps en temps.

Colorer la peau des pigeons en les passant à la poêle. Les faire rôtir au four avec le bouquet garni, les petits oignons, l'ail et 1 cuiller à café de beurre sur chaque pigeon.

Après 10 minutes de cuisson, ajouter 3 cuillers à soupe de jus de prune récupéré de la compote. Faire cuire à nouveau pendant 10 minutes en arrosant les pigeons avec le jus qui tombe.

Lorsque les pigeons sont cuits, laisser reposer pendant 10 à 15 minutes. Lever[*] les filets et les cuisses.

Concasser les carcasses dans le jus de prune. Caraméliser légèrement, passer à la passoire fine (chinois) en pressant bien et rectifier l'assaisonnement.

Servir 1 cuiller de compote de prunes avec les pigeons rôtis et le jus de prune.

Le vin

Avec un corton rouge, vin bourguignon de la région de Beaune, assez jeune pour jouer de sa finesse et de son fruit.

L'accord parfait : le corton Renardes 1992 du Domaine Leroy, choisi pour son fruit glorieux, sa maturité et son onctuosité qui s'alignent sur la texture dense du pigeon. L'accord gourmand est immédiat.

Cet accord est toujours valable car les Renardes évoluent lentement et gardent longtemps leur fruit primaire. On peut commencer à tester les 1994, peut-être même les 1995 plus structurés, mais ce sera alors la chair du pigeon qui sera flattée. La compote de prunes pourrait alors se montrer trop acide (on peut se contenter d'en badigeonner légèrement la peau du pigeon avant de le rôtir).

Difficulté : *Minutieux mais facile*
Coût : *Modéré*
Préparation : *30 minutes*
Cuisson : *30 minutes*
Saison : *Toute l'année*

Pastilla de pigeons aux pruneaux avec un banyuls

Le marché pour 4 personnes

3 pigeons vidés,
1 bâton de réglisse,
1 oignon,
120 g de foie gras cru coupé en dés de 0,5 cm,
40 g de figues sèches hachées,
5 g de noix épluchées et concassées,
1 oignon haché,
20 g de pignons de pins concassés,
5 pruneaux hachés,
4 feuilles de phillo (en vente dans les épiceries orientales),
sucre glace,
beurre,
sel, poivre,
huile d'olive,
2 filaments de safran,
kamoun,
4 pincées de canelle en poudre,
3 pincées de cinq-épices chinoises,
4 pincées de quatre-épices.

Pour l'accompagnement, prévoir une salade.

Le plat se caractérise par la mâche des morceaux de pigeon. Le vin doit lui répondre sur ce terrain : tannins, fruit prononcé, notes épicées et douces, charpente alcoolique voilée de douceur... Le portrait-robot d'un jeune banyuls. On découvre alors que ce vin a sa place à table et pas seulement au dessert...

La cuisine

Mettre les pigeons dans une casserole avec le bâton de réglisse et l'oignon émincé. Recouvrir d'eau. Saler et poivrer. Ajouter 1 cuiller à soupe d'huile d'olive, le safran, un soupçon de kamoun, la cannelle, les cinq-épices chinoises et les quatre-épices. Lorsque l'eau commence à bouillir, baisser le feu et laisser cuire 15 minutes.

Dans une petite casserole, faire revenir au beurre l'oignon haché. Réserver(*).

Lorsque les pigeons sont cuits, les désosser et couper la chair en cubes de 1 cm. Mélangez les dés de pigeons et de foie gras, l'oignon haché, les figues, les noix, les pignons et les pruneaux. Rectifier l'assaisonnement. Partager la farce en quatre.

Etaler les feuilles de phillo. Découper des cercles de 14 et 10 cm.

➤ Mettre en dessous 2 épaisseurs de 14 cm en beurrant entre chaque couche. Poser la farce en lui donnant une forme ronde et aplatie de 3 cm d'épaisseur. Recouvrir de deux ronds de 10 cm (beurrés entre chaque couche). Relever les bords des couches inférieures pour fermer la pastilla.

Faire poêler les pastillas pendant 4 minutes de chaque côté pour les rendre bien croustillantes, saupoudrer de sucre glace. Servir aussitôt en accompagnant d'une salade.

Le vin

Avec un banyuls jeune, vin doux naturel du Roussillon. C'est un vin muté, c'est-à-dire qu'on a conservé une partie de son sucre en bloquant sa fermentation alcoolique par un ajout d'alcool neutre.

Il est parfait pour ce plat grâce à une forte présence aromatique et des tannins concentrés mais soyeux.

L'accord parfait : avec le banyuls Coume 1989 du Mas blanc, choisi pour ses tannins fins et nobles, le léger grain qui roule sur la langue, les notes épicées.

On peut encore explorer les vintages (millésimes) plus jeunes comme 1995, et bien sûr, on peut tenter sa chance du côté des portos vintage jeunes.

Difficulté : *Facile*
Coût : *Bon marché*
Préparation : *30 minutes*
Cuisson : *1 heure*
Saison : *Toute l'année*

Tajine de poulet au citron et aux olives avec un coteaux-du-layon

Un plat mijoté dont la cuisson amollit les chairs de la viande. La nervosité du chenin du vin lui permet d'épouser cette opulence. Il ne se couche pas mais donne un coup de fouet à la préparation. Trop souvent relegué aux côtés du foie gras et des desserts, le coteaux-du-layon gagne ici ses galons de grand vin de table.

Le marché pour 4 personnes

1 poulet fermier coupé en morceaux,
50 g d'olives vertes dénoyautées,
50 g d'olives noires dénoyautés,
2 gousses d'ail,
300 g d'oignons nouveaux émincés,
1 branche de thym,
1 feuille de laurier,
1/2 l de vin blanc,
4 dl de fond de volaille (éventuellement préparé à partir d'un cube),
1 citron confit,
sel, poivre blanc,
huile d'olive.

Pour la garniture

240 g de semoule moyenne,
20 g de raisins blonds,
20 g de raisins de Corinthe.

La cuisine

Préparer le fond de volaille selon le mode d'emploi.

Poser sur feu vif une cocotte contenant 3 cuillers à soupe d'huile d'olive. En attendant que l'huile soit chaude, assaisonner les morceaux de poulet de sel et de poivre blanc. Quand l'huile est bien chaude, faire revenir chaque morceau pour bien les colorer. Réserver(*).

Dégraisser la cocotte, la mettre sur feu moyen, ajouter les oignons nouveaux et faire suer(*) sans colorer.

Ajouter les gousses d'ail sans les éplucher, le vin blanc et faire réduire(*) jusqu'à ce qu'il ne reste plus qu'1 cuiller à soupe de liquide.

➤ Ajouter les morceaux de poulet (cuisses d'abord et suprêmes(*) 15 minutes plus tard), le fond de volaille, couvrir et faire cuire pendant environ 1 heure à feu doux jusqu'à ce que les morceaux de poulet soient bien cuits.

Réserver(*) les morceaux de poulet et réduire(*) le jus de cuisson s'il est encore trop liquide. Ajouter les olives, le citron confit taillé en lamelles.

Ajouter les morceaux de poulet pour bien les enrober de sauce et servir avec une semoule cuite à la vapeur 5 minutes, garnie des raisins secs.

Le vin

Avec un coteaux-du-layon, vin blanc de la vallée de la Loire, jeune et très liquoreux.

La liqueur doit savoir flatter le plat mais l'acidité doit le contenir. C'est la vieille histoire de la main de fer dans un gant de velours...

L'accord parfait : le coteaux-du-layon Bonnes Blanches Saint-Lambert 1994 de Jo Pithon, choisi pour sa sève, sa concentration et son équilibre.

Deux ans après l'essai, l'accord demeure exemplaire. Mais si vous n'avez pas ce vin, vous pouvez ouvrir d'autres grands liquoreux de la Loire (quarts-de-chaume, bonnezeaux ou vouvray) à condition qu'ils soient très concentrés. On peut sortir les 1989 et éventuellement essayer les 1996. En revanche, les 1990 et 1995 doivent encore attendre.

Difficulté : *Facile*
Coût : *Bon marché*
Préparation : *30 minutes*
Cuisson : *1 heure*
Saison : *Toute l'année*

Pintade au gingembre rose avec un pinot gris

Le marché
pour 4 personnes

2 pintades,
100 g de gingembre rose coupé en lamelles (en vente dans les épiceries japonaises),
10 petits artichauts cuits,
4 oignons émincés,
1 pincée de cumin,
beurre,
sel, poivre.

Pour la vinaigrette
2 cuillers à soupe de cidre,
2 cuillers à soupe de banyuls,
2 cuillers à soupe de vinaigre de miel,
12 cuillers à soupe d'huile d'arachide.

Prévoir des pâtes fraîches en accompagnement

Un plat démesuré, excessif, déployant ses arômes comme un paon fait la roue. Il cherche le corps-à-corps avec le vin. Le pinot gris est un grand vin de gastronomie capable de passer d'une java avec les épices et le salé à un tango avec le sucré. C'est un Fregoli des fourneaux!

La cuisine

Glisser les lamelles de gingembre rose sous la peau des filets de pintade.

Faire rôtir les pintades au four entre 45 minutes et 1 heure selon la grosseur.

Faire revenir les oignons émincés au beurre et bien les colorer.

Couper les fonds d'artichauts en deux. Faire la vinaigrette.

Lorsque les pintades sont cuites, lever(*) les filets et les cuisses. Couper les cuisses en grosses lanières. Les faire revenir 3 minutes avec les fonds d' artichauts pour bien les compoter. Ajouter la moitié des oignons colorés. Mélanger le tout en assaisonnant de sel, de poivre et de cumin.

➤

➤ Faire cuire les pâtes fraîches.

Lever(*) les filets de pintade, les placer sur les assiettes chaudes.

Prendre un peu de jus de cuisson de la pintade filtré dans une passoire fine (chinois) pour isoler les sucs de cuisson, le mélanger avec le reste des oignons et la vinaigrette. Verser les pâtes fraîches.

Le vin

Avec un pinot gris alsacien de très grande année et très riche.

L'étreinte des arômes explosifs du plat risquent d'étouffer le vin. Celui-ci doit montrer une incroyable structure pour tenir tête à son partenaire. Pari impossible? Pas du tout! Les prétendants sont nombreux à relever avec succès le défi.

L'accord parfait : le pinot gris Sélection de grains nobles 1989 d'Albert Mann.

Un vin aussi excessif que le plat, violent en arômes, taillé à chaux et à sable. Plat et vin se conjuguent en s'affinant. Le gingembre s'adoucit, le vin s'allonge et ronronne, toutes griffes rentrées.

A défaut de ce vin précis, on restera (dans les millésimes 1989 et 1990) sur les liquoreux des meilleurs vignerons alsaciens (Deiss, Schueller, Zind-Humbrecht...), toujours en pinot gris.

Difficulté : *Très facile*
Coût : *Modéré*
Préparation : *10 minutes*
Cuisson : *10 minutes*
Saison : *Toute l'année*

Cœurs d'oie aux cèpes avec un pomerol

Le marché
pour 4 personnes

12 à 16 cœurs d'oies grasses,
8 cèpes-bouchons,
sel, poivre blanc,
huile d'olive,
fleur de thym,
1 gousse d'ail.

Les cœurs concentrent le goût du sang et recherchent un vin sanguin, sèveux, ne craignant pas la violence.

La cuisine

Couper les cœurs en quatre.

Couper les cèpes-bouchons en lamelles de 2 mm d'épaisseur.

Poser sur feu vif une poêle contenant 1 cuiller à soupe d'huile d'olive. Quand l'huile est chaude, ajouter les lamelles de cèpes, la fleur de thym et la gousse d'ail écrasée avec la peau, assaisonner de sel et de poivre blanc. Les faire revenir pour les débarrasser de leur eau et bien les colorer. Egoutter et réserver(*).

Poser la poêle sur feu vif de nouveau et ajouter 1 cuiller à soupe d'huile d'olive. Quand l'huile est chaude, ajouter les cœurs d'oie, assaisonner de sel et poivre blanc. Les faire revenir jusqu'à obtenir une belle coloration mais ils doivent rester saignants. Au dernier moment, ajouter les lamelles de cèpes et servir immédiatement.

Le vin

Avec un pomerol évolué mais structuré, un bordeaux rouge du Libournais, bien en chair et rond (grâce à la part importante du cépage merlot), à la structure moins austère que les médocs.

Le plat, et en particulier les cèpes, appelle un vin évolué mais qui doit garder du gras et de la rondeur.

L'accord parfait : le pomerol Vieux Château Certan 1988, choisi pour ses notes épicées, sa souplesse très enveloppante après une longue aération.

On peut également choisir un 1989, moins ferme, toujours dans une dominante merlot, à condition de se garder des vins encore trop boisés.

Difficulté : *Facile*
Coût : *Elevé*
Préparation : *20 minutes*
Cuisson : *20 minutes*
Saison : *Toute l'année*

Tournedos de rognons de veau à la crème de fèves avec un saint-julien

Le marché
pour 4 personnes

3 rognons de veau de qualité et très clairs, 12 tranches de bacon, bouillon de volaille (éventuellement préparé à partir d'un cube).

Pour la crème de fèves
10 oignons grelots, 400 g de fèves crues, 40 g de purée d'épinards (obtenue avec environ 250 g d'épinards cuits à l'eau bouillante salée), 3 dl de bouillon, 1 cuiller à café de romarin haché, 10 g de julienne(*) de gingembre, 3 dl de crème fleurette.

Pour la garniture
8 oignons grelots, 30 g de pois gourmands, 10 g de julienne (*) de gingembre, 180 g de fèves crues, 1 dl de bouillon.

L'onctuosité du plat, la légère acidité de l'accompagnement permettent à ce vin, trop souvent cantonné dans le classicisme figé des vins du Médoc, de révéler des facettes inconnues.

La cuisine

Préparation de la crème de fèves : faire suer(*) les oignons grelots émincés. Ajouter les fèves, le bouillon, le romarin haché, la julienne(*) de gingembre et la crème. Cuire 5 minutes. Ajouter la purée d'épinard, passer au mixeur. Assaisonner et garder au chaud.

Préparation de la garniture : faire suer(*) puis légèrement colorer les oignons grelots émincés. Ajouter les pois gourmands blanchis 3 minutes dans de l'eau bouillante salée, la julienne(*) de gingembre (blanchi 1 minute dans de l'eau bouillante), 180 g de fèves crues, 1 dl de bouillon. Cuire 2 minutes.

Frire les tranches de bacon.

Tailler les rognons en tranches de 3 cm d'épaisseur, saler et poêler sur feu vif. Bien colorer les deux faces, 3 à 4 minutes de chaque côté ➤

➤ (ils doivent rester roses à l'intérieur). Laisser reposer 5 minutes dans le four éteint mais chaud.

Ajouter une pincée de poivre blanc concassé sur les tournedos de rognons au moment du service. Mettre la sauce au fond des assiettes. Dresser(*) les tournedos de rognons au milieu de l'assiette. Disposer les tranches de bacon à côté ainsi qu'un petit dôme de garniture.

Le vin

Avec un saint-julien qui commence à évoluer. Saint-Julien, appellation bordelaise de vins rouges du Médoc, donne des vins très structurés mais un peu austères dans leur jeunesse.

Il faut un vin onctueux, aux tannins assagis et gourmands.

L'accord parfait : un saint-julien 1985 de Lagrange, dont la massivité des débuts a cédé la place à un caractère dense et suave, jouant plus de l'onctuosité que de la fougue.

Réalisé en 1992, cet accord appelle désormais un vin plus jeune, à condition d'être structuré mais avec des tannins suaves pour répondre à l'amplitude de goût des rognons, dans le style des 1989.

Difficulté : *Facile*
Coût : *Elevé*
Préparation : *45 minutes.*
Faire confire les poivrons la veille.
Cuisson : *30 minutes + 15 minutes*
Saison : *Toute l'année*

Rognon confit dans sa graisse et sauce au chorizo avec un chinon rouge

Le marché
pour 4 personnes

2 rognons de veau,
200 g de crépine.

Pour la sauce
65 g de chorizo fort,
65 g de chorizo doux,
1 oignon taillé en petits cubes,
1 dl de vinaigre de xérès,
1 dl de xérès sec,
4 dl de bouillon de volaille (préparé à partir d'un cube),
4 dl de crème fleurette,
beurre.

Pour la garniture
1/2 chorizo fort,
20 pistaches,
1/4 de botte de coriandre,
2 tomates,
2 poivrons rouges confits,
250 g de petites fèves blanchies (plongées 1 minute dans de l'eau bouillante salée),
200 g de "riz sauvage",
poivre mignonnette,
30 g de beurre.

Le chorizo relève avec légèreté, sans saveur brutale, la crème onctueuse. De son côté, le chinon rouge revendique sa passion pour les abats.

La cuisine

La veille, faire confire les poivrons rouges. Les ouvrir en deux, retirer les graines et la membrane blanche. Les mettre au four jusqu'à ce que la peau se boursoufle et se décolle mais elle ne doit pas brûler. Retirer la peau. Couper en lanières. Les mettre à mariner dans de l'huile d'olive aromatisée.

Préparation des rognons : allumer le four. Dégraisser les rognons. Prendre la graisse des rognons, en faire une couche de 2 cm avec un rouleau à pâtisserie. En envelopper chaque rognon. Mettre de la crépine autour. Ficeler et cuire au four 30 minutes à 180°C (thermostat 5). Réserver(*) au chaud pendant 15 minutes.

Préparation de la sauce : Faire suer(*) l'oignon puis le chorizo coupé en dés. Ajouter le vinaigre de xérès et le xérès. Réduire à sec(*). Ajouter le bouillon, réduire(*) de 3/4.
Ajouter la crème fleurette, faire cuire jusqu'à obtention d'une consistance onctueuse. Mixer, passer à la passoire fine (chinois). ➤

➤ **Préparation de la garniture :** couper le chorizo en tranches.
Tailler de fines lamelles rectangulaires dans les tranches de chorizo.
Les faire cuire au four à 110 °C (thermostat 2) pendant 10 minutes sous une plaque pour les empêcher de gondoler. Garder au chaud.
Cuire le "riz sauvage" à la créole. Le plonger dans de l'eau bouillante salée pendant 15 minutes, le passer sous l'eau froide, bien l'égoutter.
Le mettre dans un plat à four très doux pendant 20 minutes avec 30 g de beurre en petits morceaux sur le dessus.
Réchauffer le reste de la garniture (poivrons coupés en petits dés et tomates (pelées - après les avoir trempées quelques minutes dans de l'eau bouillante - épépinées et coupées en petits dés) au cuit-vapeur avec une noix de beurre et du sel pendant 3 minutes.
Ajouter les pistaches et les fèves.
Sortir les rognons de leur enveloppe de crépine et de graisse et les escaloper(*).

Présentation : au fond de l'assiette mettre la sauce mixée.
Placer la garniture autour, 4 ou 5 tranches de rognons au centre, les feuilles de coriandre sur les côtés ainsi que trois lamelles de chorizo croustillant. Poivrer au moment de servir.

Le vin

Avec un chinon rouge, vin de la vallée de la Loire, de grande année.

Vin droit et sans artifice, le chinon sait marier sa texture ferme à celle du rognon. Le millésime doit être mûr et assez jeune car la crème assèche les vieux millésimes.

L'accord parfait : avec le chinon 1989 du Clos de l'Echo, qui exaltait lors de l'essai (en 1993) sa jeunesse et sa maturité.

Aujourd'hui, on ouvrira plutôt un chinon 1995, même si le millésime est un peu en dessous du niveau de 1989.

Difficulté : *Facile*
Coût : *Elevé*
Préparation : *1 heure.*
Prévoir une nuit pour faire tremper les ris.
Cuisson : *20 minutes*
Saison : *Toute l'année*

Ris de veau croustillant et beurre meunière aux amandes avec un fleurie

Le marché
pour 4 personnes

4 belles noix de ris de veau de 220 g chacune,
un trait d'huile d'arachide,
200 g de beurre,
2 cuillers à soupe d'amandes émincées,
1 cuiller à café de jus de citron,
1 cuiller à soupe d'herbes hachées,
huile,
sel, poivre.

Saveur mais finesse de l'abat et notes croustillantes de la préparation conviennent au fleurie. A la table du bistrot comme à celle du repas, ce cru du Beaujolais plein de franchise, de densité et de vivacité aime la distinction.

La cuisine

La veille, faire préparer les ris de veau par le fournisseur. Les faire dégorger(*) une nuit au réfrigérateur dans un saladier rempli d'eau fraîche.

Le jour-même, dans une grande poêle, faire colorer vivement les noix de ris de veau dans un peu d'huile et une noix de beurre. La cuisson dure un peu plus de 10 minutes de chaque côté. Il faut que les ris soient bien croustillants et dorés à l'extérieur mais moelleux à l'intérieur. Eponger le gras sur un papier absorbant. Disposer chaque noix sur une assiette chaude.

Mettre le beurre dans une poêle. Lorsqu'il devient légèrement noisette(*), ajouter les amandes, un trait de jus de citron, du poivre, du sel et les herbes hachées. Napper de ce beurre les noix de ris de veau. Servir aussitôt.

Le vin

Avec un fleurie, un cru du Beaujolais, jeune et très mûr.

Les arômes de surmaturité conviennent aux notes animales du plat pendant que la jeunesse s'accorde au croustillant.

L'accord parfait : le fleurie 1991 d'André Métrat, concentré, mûr et voluptueux.

Réalisé en 1993, l'accord doit désormais glisser vers des millésimes plus jeunes, 1996 ou 1997, à rechercher chez les meilleurs producteurs du cru (Jean-Marc Després, Michel Chignard, Yves Métras, Clos de la Roilette).

Difficulté : *Moyenne*
Coût : *Elevé*
Préparation : *20 minutes.*
Prévoir une nuit pour faire tremper les ris de veau.
Cuisson : *20 minutes*
Saison : *Toute l'année*

Ris de veau croustillant aux écrevisses avec un gewurztraminer

Le marché pour 4 personnes

12 écrevisses,
700 g de ris de veau,
sel et poivre blanc, huile.

Pour la garniture
5 mini-maïs taillés en dés, 5 mini-carottes, 4 petites fleurs de brocoli, 2 oignons taillés en dés, 25 g de maïs à éclater ("pop-corn"), 1 cuiller à soupe de sucre, sel et poivre blanc.

Pour la base de la sauce "thaï"
75 cl d'eau, 35 cl de vinaigre de riz, 500 g de sucre en poudre, 25 g de piment, 190 g de poivron rouge taillé en petits cubes, 45 g d'ail émincé (*), 45 g de gingembre haché, 20 g de sel, 20 g de farine de tapioca.

Pour la sauce
3 cuillers à soupe de sauce "thaï", 250 g de beurre, quelques gouttes de jus de citron, quelques gouttes de sauce soja, 1 cuiller à soupe de coriandre hachée, sel et poivre blanc.

Le même produit de base que dans la recette précédente, mais cuisiné autrement et nous voici embarqués dans le monde du vin blanc avec son représentant le plus exubérant, le gewurztraminer.

La cuisine

La veille, faire préparer les ris de veau par le fournisseur. Les faire dégorger(*) une nuit au réfrigérateur dans un saladier rempli d'eau fraîche.

Préparation de la base de sauce "thaï" : mélanger tous les ingrédients sauf la farine de tapioca. Faire bouillir. Laisser infuser. Délayer la farine de tapioca à part avec le liquide de l'infusion puis l'ajouter à la base de la sauce "thaï".

Cette préparation se conserve sans limite de temps au réfrigérateur. Elle est utilisée dans une autre recette ("Poularde à la sauce "thaï"). On peut aussi l'utiliser en petite quantité dans une salade.

Préparation de la garniture : poser sur feu moyen une petite casserole contenant 2 cuillers à soupe de beurre. Ajouter les oignons hachés et les faire cuire doucement jusqu'à ce qu'ils caramélisent.

Saler et poivrer. Réserver(*) dans la casserole.

Peler les carottes, les cuire à l'eau bouillante salée. Elles doivent rester fermes. Les égoutter et les ajouter aux oignons.

Faire cuire les mini-maïs ainsi que les petits bouquets de brocoli en les gardant fermes. Les ajouter également aux oignons.

Poser sur feu vif une petite casserole contenant le sucre jusqu'à ce qu'il tourne en un caramel blond et mettre de côté.

Poser sur feu vif une casserole contenant 1 cuiller à soupe d'huile. Quand l'huile est chaude, ajouter les grains de maïs et couvrir immédiatement. Quand les grains sont tous bien éclatés, les ajouter au caramel. Bien remuer pour les enrober et mettre de côté.

Mettre les écrevisses dans une passoire, les rincer soigneusement sous l'eau froide. Les châtrer (saisir l'écrevisse par le milieu du corps. Pincer entre le pouce et l'index la palme qui se trouve exactement au milieu de la queue. La lever à la verticale de manière à rompre l'articulation et tirer. L'intestin de l'animal, qui mesure à peu près la longueur de la queue, suivra).

Faire cuire les écrevisses à la vapeur pendant environ 1 minute. Les refroidir sous un filet d'eau froide. Séparer les queues d'écrevisses des têtes et les décortiquer.

Sortir les ris de veau du frigo. Les égoutter. Les escaloper(*). Assaisonner.

Préparation de la sauce : confectionner un beurre monté en battant au fouet le beurre morceau par morceau. L'assaisonner de 3 cuillers à soupe de sauce "thaï", quelques gouttes de sauce soja, sel, poivre blanc et quelques gouttes de jus de citron. Garder au chaud.

➤ **Cuisson des ris de veau :** couper les ris de veau en 12 portions égales. Assaisonner de sel et de poivre blanc.

Placer sur feu vif une large poêle contenant 4 cuillers à soupe d'huile. Quand elle est chaude, colorer les ris sur toutes leurs faces. Quand ils sont bien colorés, ajouter une noisette de beurre et les queues d'écrevisses.

Réchauffer la garniture sur feu moyen. Ajouter la coriandre hachée dans la sauce.

Égoutter les ris et les écrevisses sur un papier absorbant. Répartir la garniture sur chaque assiette. Verser la sauce joliment autour.

Servir immédiatement avec un peu de maïs éclaté dans une petite coupelle à part.

Le vin

Avec un gewurztraminer, vin d'Alsace aux arômes exubérants, jeune et riche.

Il faut un vin qui équilibre sucre et acidité, qui soit puissant et qui soit présent aromatiquement face aux épices.

L'accord parfait : avec le gewurztraminer 1994 Cuvée Laurence de Colette Faller, qui a la puissance, la chair et les notes aromatiques nécessaires sans rien abandonner de sa finesse.

Réalisé en 1997, cet accord parfait est toujours valable mais peut être étendu aux millésimes 1995 et 1996. L'accord fonctionne également avec un vouvray de Loire demi-sec pour les mêmes raisons qui font le succès du gewurztraminer (équilibre entre le sucre et l'acidité). Il faudra alors prendre un millésime un peu plus vieux pour avoir le développement aromatique (type 1992 et 1993).

Difficulté : *Facile*
Coût : *Modéré*
Préparation : *15 minutes.*
Préparer les poivrons confits la veille.
Cuisson : *12 minutes*
Saison : *Toute l'année*

Foie de veau meunière aux poivrons avec un chinon rouge

Le marché
pour 4 personnes

3 tranches de foie de veau épaisses de 200 g chacune ,
150 g de poivrons rouges confits,
1/2 chou vert,
150 g de poitrine fumée,
100 g de champignons de Paris,
100 g de champignons noirs chinois trempés,
3 cuillers à soupe de persil et de ciboulette hachés,
120 g de beurre,
sel, poivre,
vinaigre de vin,
huile.

Très épais, le foie fait montre d'une texture fine et charnue qui convient parfaitement au chinon. Le vin affirme une fois de plus sa dilection pour les abats.

La cuisine

La veille, confire les poivrons. Les couper en deux. Retirer les pépins et la membrane blanche. Mettre au four jusqu'à ce que la peau se boursoufle et se décolle sans brûler. Eplucher. Couper les poivrons en lanières et les mettre à mariner dans de l'huile d'olive aromatisée.

Le jour même, effeuiller le chou, le laver et le couper en grosses lanières. Le faire cuire quelques minutes à l'eau bouillante afin qu'il reste légèrement croquant. Rafraîchir sous l'eau froide. Couper la poitrine fumée en dés, la plonger 2 minutes dans de l'eau bouillante puis faire sauter les lardons à la poêle.

Nettoyer et couper les champignons de Paris en quartiers. Les faire sauter à la poêle dans une noix de beurre. Préparer les champignons noirs en julienne(*).

➤

➤ Dans une grande casserole, faire fondre une noix de beurre. Placer le chou, la poitrine fumée et les deux sortes de champignons. Faire cuire le tout pendant une dizaine de minutes à feu moyen.

Couper les poivrons en petits dés.

Dans une poêle, faire fondre l'huile et le beurre, cuire les 3 tranches de foie. Assaisonner et compter environ 4 à 5 minutes de cuisson de chaque côté. Laisser le foie 2 minutes dans la poêle, hors du feu. Lorsque le foie est cuit, le découper en portions et le placer sur les assiettes avec la garniture. Faire un beurre noisette(*) dans une poêle. Ajouter dés de poivron, herbes hachées, sel, poivre et vinaigre. En napper(*) les foies de veau. Servir aussitôt.

Le vin

Avec un chinon rouge, vin de Loire, jeune, qui apporte fraîcheur et tendresse. La viande offre sa texture fine et charnue.

L'accord parfait : le chinon rouge Réserve Stanislas 1990 de Pierre Sourdais, choisi pour la finesse d'extraction de ses tannins. Il est encore sur le fruit mais capable d'un long vieillissement. L'accord est palpable. Texture, volume, chair : tout est là et le foie anoblit les tannins du vin.

Réalisé en 1993, cet accord doit désormais glisser vers des chinons nettement plus jeunes, type 1995, car la fraîcheur est essentielle.

Difficulté : *Facile*
Coût : *Modéré*
Préparation : *5 minutes*
Cuisson : *20 minutes + 16 minutes*
Saison : *Toute l'année*

Foie de veau au risotto avec un bandol rouge

Le marché
pour 4 personnes

2 tranches de foie de veau de 3 cm d'épaisseur et de 350 g chacune, un trait d'huile d'arachide, 1 échalote hachée, 1 cuiller à café de gingembre haché, 1 cuiller à soupe de ciboulette hachée, 1 cuiller à soupe de vinaigre balsamique.

Pour le risotto
1 oignon haché, 50 g de beurre, 20 g de moelle, 320 g de riz de la marque Gallo, 20 g de pistils de safran, 2 dl de vin blanc sec, 1 l 3/4 de bouillon de volaille (préparé à partir d' un cube), 100 g de tout petits dés de champignons de Paris, sel et poivre blanc.

Toujours tranché épais, le foie de veau et sa chair fine et compacte fait fondre de bonheur le bandol.

La cuisine

Préparation du risotto : dans une grande casserole, faire revenir doucement, sans coloration, l'oignon haché.

Ajouter la moelle en petits dés, puis le riz, le safran et le vin blanc. Faire cuire à feu très fort jusqu'à évaporation totale du vin blanc. Ajouter 1/3 du bouillon et faire cuire de nouveau jusqu'à évaporation totale du liquide.

Renouveler l'opération deux fois. Cela prend environ 20 minutes. Lorsque le riz a absorbé tout le bouillon, ajouter 50 g de beurre en petits morceaux et les dés de champignons de Paris. Assaisonner.

Cuisson des foies : dans une poêle, faire chauffer un trait d'huile et une petite noix de beurre. Lorsqu' il est légèrement noisette(*), assaisonner les deux tranches de foie de veau et les faire cuire pendant 8 minutes de chaque côté tout doucement afin de leur donner une belle couleur noisette. Réserver(*) au chaud .

➤

➤ Mettre le risotto dans les assiettes. Couper les foies en fines tranches et les poser sur le risotto. Réserver(*) au chaud

Faire fondre 150 g de beurre avec l'échalote hachée. Lorsque le beurre devient noisette(*), ajouter le gingembre haché, la ciboulette, le vinaigre balsamique, le sel et le poivre.

Répartir le beurre noisette(*) sur les tranches de foie de veau et servir aussitôt.

Le vin

Avec un bandol rouge, un vin de la région de Toulon, jeune.

Le plat, qui allie la chair ferme du foie et l'onctuosité du risotto, fait disparaître le caractère agressif que pourrait présenter la charpente tannique des vins les plus jeunes.

L'accord parfait : avec le bandol rouge 1990 du Domaine Lafran Veyrolles. Outre l'accord de textures, ce vin gorgé de sève offre un merveilleux accord aromatique, à la fois sanguin et fruité.

Réalisé en 1993, l'accord appelle désormais des vins plus jeunes, du type de ceux du millésime 1995.

Difficulté : *Très facile*
Coût : *Bon marché*
Préparation : *5 minutes*
Cuisson : *35 minutes*
Saison : *Toute l'année*

Cœur de veau en cocotte avec un châteauneuf-du-pape rouge

Le marché
pour 4 personnes

1 cœur de veau (environ 800 g),
15 petits oignons nouveaux émincés,
150 g de lardons,
8 petites pommes de terre rates,
100 g de beurre,
2 cl d'huile d'arachide,
5 gousses d'ail épluchées (enlever éventuellement le germe),
une feuille de laurier,
thym,
sel et poivre.

Encore rosé, le cœur offre une texture intéressante, à la fois ferme et moelleuse. Le châteauneuf-du-pape lui tend les clefs du royaume. Habitué des sacres royaux de la grande cuisine, il sait également bénir les unions roturières, avec un goût prononcé pour la chair et ses doux péchés...

La cuisine

Couper le cœur en deux. Dans une sauteuse et un peu d'huile, colorer les morceaux sur toutes leurs faces. Les retirer et réserver[*].

Retirer l'huile de la sauteuse, y colorer les oignons émincés au beurre. Ajouter le cœur de veau coloré et l'ail en gousses entières. Assaisonner avec le thym et le laurier. Faire sauter un moment.

Placer le tout dans une cocotte en fonte et faire cuire au four à 150 °C (thermostat 4) pendant 25 à 35 minutes.

Faire cuire environ 10 minutes les pommes de terre (selon la grosseur) à l'eau bouillante salée. Les éplucher.

Pendant la cuisson du cœur, vérifier que les oignons ne brûlent pas, sinon ajouter un petit verre d'eau.

➤ Après 15 minutes de cuisson du cœur, ajouter les pommes de terre et les lardons blanchis 1 minute dans de l'eau bouillante. Terminer la cuisson de l'ensemble en ajoutant un peu d'eau.

Couper le cœur en tranches, servir avec les oignons, les lardons et les pommes de terre. On peut aussi écraser l'ail pour donner plus de goût.

Le vin

Avec un châteauneuf-du-pape, grand cru du sud de la vallée du Rhône, jeune.

Le vin doit être bien constitué, assez exubérant et encore tannique.

L'accord parfait : avec le châteauneuf-du-pape rouge 1993 du domaine de la Mordorée.

Cependant, tous les grands domaines (Mont-Redon, la cuvée Vieilles vignes de La Janasse, le Vieux-Télégraphe, La Nerthe) conviennent dans ce millésime. Les vins les plus charpentés de 1990 (comme la cuvée Cadette de La Nerthe) conviennent également.

Réalisé en 1996, cet accord est toujours d'actualité. On peut cependant commencer à glisser vers un millésime plus jeune comme 1994.

Difficulté : *Facile*
Coût : *Elevé*
Préparation : *10 minutes*
Cuisson : *50 minutes*
Saison : *Printemps*

Côtes de veau aux morilles avec un volnay

Le marché pour 4 personnes

2 côtes de veau de 800 g chacune,
4 gousses d'ail,
2 oignons émincés,
1 bouquet garni,
100 g de beurre,
500 g de morilles fraîches,
2 échalotes hachées,
1 cuiller à soupe d'herbes hachées.

Un plat bourgeois classique, marqué par les champignons et le jus gras. En face, un vin accommodant qui propose au plat de tirer le premier... mais s'en tire à son avantage. Volnay aime la nuance et peut offrir à la table des costumes chatoyants, passant de la séduction aromatique à la puissance.

La cuisine

Dans une grande cocotte en fonte, faire colorer les deux côtes de veau. Assaisonner. Lorsqu'elles ont pris une belle couleur, les réserver(*).

Mettre dans la cocotte les oignons et l'ail écrasé, faire suer(*) légèrement, puis remettre les deux côtes de veau colorées par dessus. Ajouter une belle noix de beurre et faire cuire au four pendant 40 à 50 minutes suivant l'épaisseur.

Après 15 à 20 minutes de cuisson, vérifier que les oignons ne brûlent pas. Ajouter un peu d'eau afin qu'ils gardent une belle couleur blonde.

Nettoyer les morilles. Faire cuire les deux échalotes hachées très doucement au beurre.

➤

➤ Réserver(*) dans une petite assiette.

Faire sauter les morilles, ajouter les échalotes cuites et les herbes.

Couper les côtes de veau en tranches. Les disposer au milieu de l'assiette, les morilles autour. Napper les tranches de veau du jus de la cocotte.

Le vin

Avec un volnay, vin rouge bourguignon de la région de Beaune, d'âge moyen.

Trop jeunes, les vins péchent par leur délicatesse. Trop vieux, le veau souligne sans respect leur âge. Il faut trouver un vin qui reste moelleux, en particulier pour faire la jonction avec les morilles.

L'accord parfait : le volnay 1989 Santenots du Milieu des Comtes Lafon, choisi pour la qualité de ses tannins qui enrobent bien le plat.

On peut également piocher du côté des 1990 pour la finesse des tannins, le grain et surtout la fraîcheur qui vient donner un petit coup de fouet à la préparation (par exemple un Frémiets de Leflaive).

Difficulté : *Facile*
Coût : *Elevé*
Préparation : *10 minutes.*
Prévoir une nuit pour la marinade.
Cuisson : *3 heures*
Saison : *Toute l'année*

Tendron de veau à la provençale avec un gigondas

Le marché
pour 4 personnes

4 tendrons de veau de 250 g,
150 g de lard frais,
2 gousses d'ail hachées,
4 cuillers à soupe d'herbes hachées,
5 cl d'huile d'olive,
2 carottes coupées en rondelles,
1 oignon haché,
150 g de champignons de Paris,
250 g de tomates fraîches,
1 bouquet garni,
sel, poivre,
1 cuiller à soupe d'écorce d'orange hachée et séchée,
1/2 l de vin blanc,
1/2 l de bouillon de volaille (préparé à partir d'un cube).

Un plat haut en saveurs et juxtaposant des textures très différentes. On peut imaginer le gigondas en oncle rondouillard, connu pour sa bonhomie et son esprit de conciliation. Il sait aussi montrer poigne, structure et souplesse si l'on sait bien choisir le millésime et surtout la température de service.

La cuisine

La veille, faire mariner les tendrons avec l'huile d'olive, les 2 gousses d'ail hachées, le lard frais coupé en dés, les herbes hachées et le vin blanc. Laisser une nuit au réfrigérateur.

Le jour-même, disposer dans une cocotte les tendrons, tous les éléments de la marinade, tous les légumes et le bouillon de volaille. Faire cuire très doucement au four à couvert pendant 2 heures et demie à 3 heures. Si la sauce n'est pas assez onctueuse, enlever les tendrons de veau, les réserver au chaud(*) et faire réduire(*) le liquide.

Vérifier la cuisson et l'assaisonnement. Servir bien chaud.

Le vin

Avec un gigondas, vin rouge du sud de la vallée du Rhône, qui commence à évoluer.

Ce type de vin montre une remarquable capacité à digérer les arômes qui lui sont opposés. Mais il faut alors jouer sur la puissance du vin.

L'accord parfait : avec le gigondas 1993 du domaine du Cayron.

Il ne faut pas un vin trop évolué et fondu, mais un bagarreur, capable de se faire respecter et de mettre de l'ordre dans le tourbillon de saveurs puissantes mais fines du plat.

Il faut particulièrement veiller à la température de service (environ 18 °C)

Réalisé en 1996, cet accord reste valable, mais on peut commencer à essayer les 1995, voire les 1996, des meilleurs domaines.

Difficulté : *Facile*
Coût : *Elevé*
Préparation : *Prévoir 10 heures pour dessaler le jambon.*
Cuisson : *20 à 25 minutes par livre + 1 heure.*
Saison : *Toute l'année*

Jambon à l'os braisé avec un chablis

Le marché pour 10 personnes

Un jambon d'York entier,
4 carottes,
3 oignons,
1 branche de céleri,
4 tomates coupées en quartiers,
300 g de champignons de Paris,
1 bouquet garni,
2 bouteilles de chablis,
1,5 litre de bouillon de volaille (éventuellement préparé à partir d'un cube).

Prévoir une jambonnière.

Un classique de la cuisine traditionnelle de la région qui ne fait pas mentir sa réputation si on l'associe à un chablis de grande classe.

La cuisine

La veille, dessaler le jambon dans de l'eau fraîche pendant au moins 10 heures. Le jour même, faire pocher le jambon dans l'eau frémissante, complètement recouvert.

Préparer tous les légumes et les couper en mirepoix(*).

Dans la jambonnière, faire revenir doucement la mirepoix(*), ajouter les 2 bouteilles de chablis et le bouquet garni. Faire réduire(*) de moitié. Ajouter le bouillon de volaille. Porter à ébullition. Réserver(*).

Retirer le jambon lorsqu'il est cuit. (il faut compter 20 à 25 minutes par livre. Il est cuit quand le petit os se retire facilement). Poser le jambon dans la jambonnière avec le liquide de la préparation et le mettre au four à 180 °C (thermostat 7) pendant 1 heure. Arroser fréquemment pendant la cuisson pour faire dorer. Pour accentuer la coloration, on peut le saupoudrer de sucre glace et le glacer au four.

Servir aussitôt avec des épinards au beurre ou en gratin.

Le vin

Avec un chablis, vin blanc de Bourgogne, puissant.

Il doit être structuré, gras et aromatiquement complexe : des qualités qu'on retrouve chez les premiers crus, mais également chez certains chablis simples.

L'accord parfait : le chablis Les Blanchots 1979 de Raveneau, dont la soyeuse fermeté et la race font écho à la texture fine, serrée, sans mollesse du jambon.

Réalisé en 1992, cet accord extraordinaire sera désormais reproduit avec un 1989, éventuellement un 1994 qui pallie son corps moins structuré par sa vivacité et son expression aromatique.

Difficulté : *Facile*
Coût : *Bon marché*
Préparation : *15 minutes.*
Prévoir une marinade de 24 heures.
Cuisson : *3 heures*
Saison : *Toute l'année*

Daube d'agneau avec un bandol

Le secret du plat est dans le pied de veau qui apporte de l'onctuosité et réclame, en monnaie d'échange, un vin séveux faisant tannins de velours.

Le marché pour 4 personnes

1 gigot d'agneau désossé de 1 kg,
1 carotte,
1 échalote,
1 bouquet garni,
1 couenne de porc,
1/2 pied de veau fendu dans la longueur,
1 poignée d'olives de Nyons,
2 l de vin blanc sec,
1 l de bouillon (éventuellement préparé à partir d'un cube),
coriandre, genièvre, poivre en grains,
10 cl d'huile d'olive,
200 g de pâte à pain (obtenue en mélangeant de la farine et de l'eau),
1 bouquet de coriandre fraîche,
sel,
1/2 peau d'orange séchée.

La cuisine

La veille, couper le gigot en une douzaine de morceaux de même taille. Les mettre à mariner avec la carotte, l'oignon, l'échalote (tous pelés et coupés en rondelles), les épices (en grains), la peau d'orange séchée (prendre soin de retirer la partie blanche) et le bouquet garni. Ajouter l'huile d'olive et le vin blanc, saler. Laisser 24 heures au frais.

Le jour même, faire blanchir la couenne et le 1/2 pied de veau.

Préchauffer le four. Tapisser le fond d'une cocotte en fonte avec la couenne. Mettre l'agneau, la marinade, le bouillon et le pied de veau. Couvrir. Mettre au four à 180 °C (thermostat 5) pendant 2 heures 30.

Retirer les morceaux de viande, faire réduire(*) à feu vif la sauce d' 1/3, la filtrer et la remettre avec l'agneau dans la cocotte.

Ajouter les olives et la coriandre fraîche ciselée(*), rectifier l'assaisonnement. Couvrir. Luter la cocotte (souder avec un cordon de pâte à pain le couvercle au corps de la cocotte pour la rendre hermétique). Vaporiser un peu d'eau sur la pâte et enfourner.

Cuire 45 minutes à 200 °C (thermostat 6) en vaporisant régulièrement la pâte pendant la cuisson.

Servir bien chaud dans la cocotte avec des pâtes ou des pommes vapeur.

Le vin

Avec un bandol jeune dont les notes aromatiques encore violentes et primaires s'accordent aux olives.

L'accord parfait : le bandol 1996 du Château Pibarnon qui se joue avec souplesse des pièges tendus par le plat.

D'autres vins du Midi, également jeunes (1995 et 1996) font un accord presque parfait. On les trouvera en Corbières, en Côtes-du-Roussillon (par exemple Domaine Gauby ou Château de la Casenove), en Costières-de-Nîmes (par exemple le château Mourgues du Grès), en Coteaux-du-Languedoc (par exemple au domaine d'Aupilhac). Tous allient notes épicées et tannins veloutés.

Difficulté : *Facile*
Coût : *Elevé*
Préparation : *1 heure 30*
Cuisson : *3 heures*
Saison : *Toute l'année*

Agneau aux épices avec un hermitage rouge

Le marché
pour 6 personnes

1/2 épaule d'agneau,
4 carrés d'agneau de 250 g,
5 oignons émincés,
1 cuiller à café de curry,
3 cuillers à café de poudre de colombo (en vente dans les épiceries exotiques),
1 fenouil confit à l'huile d'olive,
120 g de julienne(*) de courgettes,
120 g de julienne(*) de carottes,
80 g de haricots verts cuits à l'eau,
30 g de julienne (*) d'épinards,
sel, poivre,
huile d'olive,
cannelle.

Un plat de rêve pour celui qui aime jouer sur les épices. Une texture fondue en bouche et une palette aromatique qui permet de multiplier la complexité des saveurs du plat. Face à lui, il faut un vin au style fondu et arrondi par l'âge.

La cuisine

Laver et couper en deux le fenouil. L'aplatir. Le faire confire au four doux avec un peu d'huile, d'ail et de thym pendant 90 minutes. Mettre le four à 170°C (thermostat 5).

Dans un plat à rôtir, colorer l'épaule sur toutes ses faces. Ajouter tout autour les oignons émincés, le curry, le colombo, un peu d'huile d'olive. Saler et poivrer. Cuire l'épaule dans le four pendant 3 heures en arrosant de temps en temps.

Eplucher les haricots. Les cuire environ 7 minutes à l'eau bouillante. Veiller à ce qu'ils restent croquants. Garder au chaud.

Assaisonner les quatre carrés d'agneau, les colorer sur toutes leurs faces dans une sauteuse. Les cuire pendant 15 minutes au four puis laisser reposer 10 minutes.

Dans une sauteuse, faire revenir doucement au beurre la julienne(*) de carottes, puis ajouter les épinards, les courgettes et les haricots.

Cuire 2 à 3 minutes. Assaisonner (sel, poivre, cannelle) et réserver(*).

Lorsque l'épaule est cuite, séparer l'os de la viande, la couper en petits cubes et mélanger avec les légumes (sauf les oignons).

Couper le fenouil confit en quatre dans le sens de la longueur et le faire chauffer dans un peu d'huile d'olive.

Récupérer le jus de l'épaule et les oignons de la cuisson de l'épaule. Ajouter un peu d'eau pour faire la sauce.

Mouler les légumes et les morceaux d'épaule dans des petits ramequins. Les faire réchauffer au bain-marie au four.

Démouler dans le haut de l'assiette. Juste à côté, disposer un morceau de fenouil. Couper les carrés et les disposer dans le bas de l'assiette, verser le jus autour. Servir rapidement.

Le vin

Avec un hermitage rouge assagi et pas trop puissant.

L'accord parfait : avec l'hermitage rouge 1964 de Chapoutier.

Les saveurs épicées mais jamais agressives de ce plat peuvent se déployer parfaitement face à ce vin.

Réalisé en 1992, cet accord s'actualise désormais avec un 1989 et 1991, voire un 1994 un peu moins dense que les deux précédents.

Difficulté : *Facile*
Coût : *Bon marché*
Préparation : *25 minutes*
Cuisson : *1 heure 30*
Saison : *Toute l'année*

Navarin d'agneau avec un pauillac

Le marché
pour 4 personnes

2 colliers d'agneau (environ 1,5 kg) à faire découper en cubes de 4 cm par le boucher,
1 épaule d'agneau désossée et tranchée par le boucher,
1 oignon,
1 carotte,
1 bouquet garni (persil, thym, laurier, poireau),
50 g de concentré de tomates,
1 botte de persil,
100 g de farine,
sel, poivre,
2 tomates,
1/2 tête d'ail.

Pour la garniture
Carottes en botte,
petits navets,
oignons grelots,
pommes de terre rates épluchées.

S'asseoir à la table du pauillac est intimidant. C'est un peu le patriarche qui chasse d'un froncement de sourcil un coude enfantin traînant sur la table. Mais il sait aussi développer l'art d'être grand-père et se montrer tendre, comme avec ce plat incontournable de la tradition bordelaise qui fleure bon le retour du printemps.

La cuisine

Préparation du navarin : saler et fariner les morceaux de viande. Faire chauffer une grande casserole avec un peu de matière grasse. Quand l'huile est bien chaude, saisir les morceaux, les colorer, puis les mettre de côté. Jeter la graisse.

Remettre un peu de matière grasse. Couper l'oignon et la carotte en cubes de 1 cm, les faire suer(*).

Tremper les tomates dans l'eau bouillante, enlever la peau et les épépiner. Les couper en petits cubes, ajouter à la carotte et à l'oignon quand ils sont de couleur blonde. Faire bien suer(*) avant d'ajouter les morceaux de viande. Poivrer.

Ajouter le concentré de tomates, bien mélanger. Cuire 5 minutes doucement. Ajouter un 1/2 litre d'eau, le bouquet garni et l'ail non épluché. Cuire à couvert au four pendant 1 heure 30 en vérifiant qu'il ne manque jamais d'eau (sans que la sauce soit trop liquide).

Après cuisson, retirer les morceaux de viande de la sauce, la passer à travers une passoire fine (chinois) en écrasant l'oignon et la carotte.

Remettre les morceaux de viande dans la sauce. Ajouter les petits légumes. Rectifier l'assaisonnement.

Confection de la garniture : trente minutes avant la fin de la cuisson de la viande, faire cuire les petits légumes épluchés (sauf les oignons grelots) à la vapeur. Faire glacer les oignons dans une poêle avec de l'eau et du sucre. Mettre tous les légumes dans la sauce 5 minutes avant la fin de la cuisson de la viande.

Le vin

Avec un pauillac assagi.

On jouera, selon son goût, sur la palette très variée des textures des vins de Pauillac, du soyeux de Pichon-Lalande à la robustesse de Grand-Puy-Lacoste.

L'accord parfait : avec le pauillac 1985 du château Pichon-Longueville Baron dont la puissance fait patte de velours devant la tendresse de l'agneau.

Réalisé en 1996, cet accord est encore meilleur avec un vin un peu plus patiné. On peut cependant essayer le 1988.

Si vous souhaitez vous ouvrir à une autre appellation bordelaise, restez cependant dans la famille des vins à forte proportion de cabernet sauvignon.

Difficulté : *Facile*
Coût : *Bon marché*
Préparation : *15 minutes*
Cuisson : *1 heure 30*
Saison : *Toute l'année*

Tajine d'agneau aux fruits secs avec un porto

Le marché
pour 4 personnes

1 kg d'épaule d'agneau,
1 kg de collier d'agneau,
300 g d'oignons,
200 g de tomates,
1/2 litre de bouillon de volaille (préparé à partir d'un cube),
50 g de figues sèches,
50 g de dates,
50 g d'abricots secs,
1/2 bouquet de coriandre,
sel, poivre,
cumin en poudre,
curcuma,
huile d'olive.

Un plat haut en goûts, mêlant saveurs sucrées et notes épicées aux impressions confites. Avec un vieux tawny, nous sommes au coeur de la sensualité.

La cuisine

Couper la viande en cubes d'environ 4 centimètres de côté. Les faire revenir dans une cuiller à soupe d'huile d'olive pendant 10 minutes pour les dorer sur toutes les faces.

Peler et ciseler[*] les oignons, les ajouter à la viande.

Laver et couper les tomates en quartiers, les ajouter. Saupoudrer généreusement de curcuma. Faire revenir 5 minutes en remuant. Verser le bouillon, saupoudrer d'1 cuiller à café bien pleine de cumin. Saler, poivrer. Faire cuire 1 heure 30.

Cinq minutes avant la fin de la cuisson, ajouter les fruits secs coupés en gros morceaux et la moitié de la coriandre hachée.

Juste avant de servir, parsemer du reste de la coriandre fraîche.

Le vin

Avec un vieux porto tawny, c'est-à-dire un porto longuement vieilli en fût, à la robe acajou et aux arômes de noix et de cuir.

L'accord parfait : le porto Fonseca 20 ans, archétype d'un grand porto très plastique.

D'autre portos (Ramos Pinto Quinta do Bom Retiro 20 ans, Noval Colheita 1981) peuvent disputer sa couronne au Fonseca.
Tous ont en commun d'avoir, dans leur palette aromatique, troqué l'âge du fruit pour celui des épices. On pourrait également tenter un tokay liquoreux (4 ou 5 puttonyos).

Difficulté : *Facile*
Coût : *Modéré*
Préparation : *20 minutes*
Cuisson : *30 minutes*
Saison : *Toute l'année*

Carré de mouton avec un musigny

Le marché
pour 4 personnes

2 carrés de mouton de 500 g chacun, ail, thym, laurier, 300 g d'os d'agneau, sel et poivre, 1 verre de vin blanc.

Pour les petits légumes au pistou

100 g de fèves décortiquées, 100 g de pois gourmands, 12 carottes en botte, 1/2 laitue, 4 artichauts poivrade, 3 oignons nouveaux, un peu de bouillon de volaille (préparé à partir d'un cube), 1 bouquet de basilic, 1 gousse d'ail, huile d'olive, sel et poivre, citron.

A condition de ne sentir ni la laine ni le suint, un carré de mouton réalise la prouesse de fondre la quasi-virginité de l'agneau et l'approche de la virilité, avec une chair plus serrée et dense, une ferme tendresse. Il lui faut un vin à la fois aristocratique et terrien.

La cuisine

Préchauffer le four à 240 °C (thermostat 8).

Colorer dans une poêle et un tout petit peu d'huile les carrés de mouton sur toutes les faces. Les rôtir 20 minutes au four. A mi-cuisson, ajouter l'ail, les os, le thym et le laurier. Arroser régulièrement avec le jus de la cuisson. Laisser reposer 10 minutes dans le four chaud.

Dégraisser le plat. Ajouter un verre de vin blanc, laisser réduire(*) de 3/4 puis un verre d'eau, laisser réduire(*) 5 minutes a feu doux. Passer à travers une passoire fine (chinois). Monter(*) le jus avec un beurre noisette(*) et servir avec des petits légumes nouveaux au pistou.

Préparation des légumes au pistou : écosser et peler les fèves. Laver et préparer tous les légumes. Couper les artichauts en 4, les citronner pour éviter l'oxydation. Oter le foin et les premières ➤

➤ grosses feuilles, les cuire 10 minutes dans 20 g de beurre et 1 cuiller à soupe d'eau. Saler, poivrer. Émincer(*) les oignons, les faire revenir avec un peu d'huile d'olive dans une cocotte pendant 3 minutes. Ajouter les légumes, mélanger l'ensemble et laisser à feu doux 3 minutes. Verser un petit verre de bouillon de volaille, laisser réduire(*) de moitié.

Piler dans un mortier l'ail et les feuilles de basilic. Les monter en crème avec de l'huile d'olive comme une mayonnaise pour obtenir un volume de 2 cuillers à soupe.

Laver les feuilles de salade. Les égoutter, les tailler en grosses lanières. Les ajouter aux légumes. Une minute plus tard, ajouter le pistou. Rectifier l'assaisonnement. Servir immédiatement.

Le vin

Avec un musigny à point.

L'accord parfait : le musigny 1985 du domaine Mugnier qui se joue des notes végétales des légumes, rebondit sur le pistou, accorde la densité de sa chair, la finesse de ses arômes, à celles de la viande.

Réalisé récemment, cet accord est toujours valable. On peut également ouvrir des chambolle-musigny un peu plus jeunes : Les Cras 1993 du domaine Georges Roumier (avec son élégance), Les Charmes 1991 du domaine Amiot-Servelle (avec sa gourmandise et son côté terrien), Les Fuées 1989 du domaine Mugnier (avec son caractère fougueux) donnent les meilleures images de la diversité de l'appellation et sont bien en situation.

Difficulté : *Facile*
Coût : *Elevé*
Préparation : *3 heures 15 minutes.*
Prévoir de faire dégorger la moelle pendant la nuit.
Cuisson : *2 fois 12 minutes*
Saison : *Toute l'année*

Côte de bœuf avec un saumur-champigny

Le marché
pour 4 personnes

2 côtes de bœuf
de 900 g chacune,
1 dl de sauce de soja,
10 cl de vinaigre de vin,
5 cl de vinaigre de xérès,
200 g de moelle,
200 g de haricots verts,
2 grosses tomates,
300 g de carottes en botte,
400 g de pommes de terre,
2 tranches de pain de mie,
500 g de beurre,
2 bottes de ciboulettes,
6 grains de poivre,
1, 25 l d'huile d'arachide,
2 cuillers à café de gros sel,
1 cuiller à café de coriandre,
5 cl d'huile d'olive,
1 feuille de laurier,
1 branche de thym,
2 gousses d'ail,
15 cl de crème liquide.

La viande doit être de grande qualité et surtout tranchée épaisse. Elle s'accorde bien avec le saumur-champigny et d'autres vins. Une seule condition pour le prétendant : être concentré avec un grain fin et fruité.

La cuisine

La veille, couper 8 rondelles de moelle et les faire dégorger(*) une nuit dans de l'eau glacée avec 1 cuiller à café de vinaigre pour débarrasser la moelle du sang.

Préparation de la marinade : mélanger la sauce de soja, le reste du vinaigre de vin et le vinaigre de xérès. Réserver(*).

Préparation des tomates confites : laver les tomates, retirer le pédoncule, les couper en deux dans le sens de l'équateur et enlever les pépins.

Dans une terrine, mélanger le gros sel, la coriandre, le poivre concassé, le thym, le laurier émietté, l'huile d'olive et l'ail en lamelles.

Mettre la moitié de ce mélange sur le fond d'une plaque pouvant aller au four, poser les tomates dessus et parsemer avec le reste

➤ du mélange. Mettre la plaque au four et faire confire les tomates pendant environ 3 heures à 100 °C (thermostat 2).

Préparation du beurre de ciboulette : hacher les deux bottes de ciboulette et les mélanger dans une terrine avec 250 g de beurre ramolli à température ambiante. Assaisonner de sel et de poivre blanc et réserver(*).

Préparation des garnitures : effiler les haricots verts en retirant les extrémités et éventuellement le fil, les faire les cuire dans de l'eau salée à ébullition pendant environ 7 minutes. Passer sous l'eau froide et égoutter. Réserver(*). Eplucher les carottes, les faire cuire et égoutter. Réserver(*). Brosser les pommes de terre, les éplucher avec un petit couteau mais pas un "économe" pour avoir de plus grosses pelures (à garder).

Faire cuire 20 minutes les pommes de terre dans une eau salée à ébullition. Egoutter, passer au moulin à légumes.

Faire réduire la crème liquide de moitié. Ajouter dans la purée 100 g de beurre et la crème réduite. Rectifier l'assaisonnement et réserver(*) au chaud.

Cuisson de la viande : assaisonner les côtes de bœuf. Poser une poêle contenant 4 cuillers à soupe d'huile de cuisson sur feu vif. Quand l'huile est chaude, faire colorer légèrement les côtes de bœuf des deux côtés. Mettre au four à 200 °C (thermostat 6) pendant 12 minutes de chaque côté. Eteindre le four. Laisser reposer 15 minutes dans le four chaud mais ouvert.

Finition des garnitures : poser sur feu moyen une poêle contenant 50 g de beurre et 2 cuillers à soupe d'eau. Ajouter les carottes, les haricots. Faire réduire(*) complètement le liquide afin de faire briller les légumes.

Faire cuire les rondelles de moelle dans une eau à peine frémissante ➤

➤ avec une goutte de vinaigre. Les poser sur les croûtons de pains toastés.
Retirer les tomates du four (elles doivent être fripées et sèches).
Mettre l'huile à chauffer à 160 °C minimum. Frotter les pelures de pommes de terre avec une gousse d'ail et les faire frire. Egoutter sur un papier absorbant. Saler et poivrer. Réserver(*) au chaud.

Confection de la sauce : faire réduire(*) la marinade de 2/3, en prendre la moitié pour badigeonner les côtes de boeuf avec un pinceau. Monter(*) le reste avec le beurre de ciboulette en l'intégrant par petits morceaux au fouet sur un feu doux, sans faire bouillir. Rectifier l'assaisonnement et passer à travers une passoire fine (chinois).

Finition et présentation : réchauffer les côtes de boeuf 6 minutes au four. Placer les tomates confites en haut de l'assiette et les recouvrir de purée. De chaque côté, disposer un petit tas de haricots verts, un autre de carottes et juste à côté un croûton de moelle. Au milieu, les pelures de pommes de terre frites. Dans le bas de l'assiette, la côte de bœuf tranchée.

Le vin

Avec un saumur-champigny, vin rouge de la vallée de la Loire, de grande année, assez jeune. Il doit être concentré, avec des tannins fins et du fruit. On évitera donc les vins au boisé encore trop présent.

L'accord parfait : avec le saumur-champigny Clos Rougeard 1990 Le Bourg des frères Foucault.

Si vous n'avez pas ce vin, restez dans la Loire avec les meilleurs chinons rouges (du Domaine Joguet ou de la Maison Couly-Dutheil ou explorez, le Rhône (Côte-Rôtie) ou le Libournais bordelais (Saint-Emilion), tous des vins gourmands, fruités et frais, concentrés et fins.

Difficulté : *Facile*
Coût : *Bon marché*
Préparation : *15 minutes.*
Prévoir une marinade de 36 heures minimum.
Cuisson : *3 heures*
Saison : *Toute l'année*

Bœuf bourguignon avec un saint-émilion

Un plat de ménage au fondant rehaussé par la sauce et les lardons qui permettent aux vieux millésimes de triompher.

Le marché pour 4 personnes

1 kg de bœuf (macreuse et paleron),
farine,
huile,
beurre ou fécule.

Pour la marinade
1 bouteille et demie de vin rouge,
150 g de carottes,
150 g d'oignons,
1/2 tête d'ail,
1 branche de céleri,
1 poireau,
1 bouquet garni,
thym, laurier,
sel et poivre.

Pour la garniture
400 g d'oignons grelots,
200 g de champignons de Paris,
100 g de poitrine fumée coupée en lardons,
sel, poivre.

La cuisine

Préparer la marinade 36 heures à l'avance voire plus. Eplucher, laver, sécher et émincer(*) les carottes, les oignons, la branche de céleri et le poireau. Ecraser la gousse d'ail. Faire mariner les morceaux de viande avec la garniture aromatique et le vin pendant au moins 36 heures.

Le jour-même, filtrer la marinade à travers une passoire fine (chinois). Garder à part la garniture aromatique. Egoutter les morceaux de viande, les sécher, saler, passer à la farine. Faire rissoler.

Pendant ce temps, flamber(*) et réduire(*) la marinade de moitié. Colorer la garniture aromatique (la faire sauter rapidement dans une poêle). Mélanger le vin réduit, la garniture aromatique et la viande. Ajouter de l'eau à hauteur du mélange. Porter à ébullition et cuire pendant 3 heures au four à couvert en remuant de temps en temps.

Préparation de la garniture : blanchir(*) les lardons en les plongeant 1 minute dans de l'eau bouillante. Les faire sauter à la poêle dans une noix de beurre. Réserver(*).

➤ Nettoyer et couper le bout terreux des champignons de Paris, les couper en 4. Les faire revenir dans du beurre. Réserver(*).

Peler les petits oignons et les glacer en les faisant revenir dans une pincée de sucre, du sel, 15 g de beurre et un peu d'eau. Réserver(*).

Finition : lorsque le bourguignon est cuit, retirer les morceaux de viande. Passer la sauce à travers une passoire fine (chinois). Si elle est trop liquide, on peut la lier (l'épaissir) avec un peu de fécule diluée dans de l'eau froide ou un beurre manié(*).

Mettre la viande dans une cocotte, ajouter la sauce filtrée, les champignons et les lardons. Vérifier l'assaisonnement.

Servir le tout avec des pommes vapeur.

Le vin

Avec un saint-émilion, vin rouge de Bordeaux, évolué.

Une fois n'est pas coutume, c'est l'accord aromatique plus que l'accord de structure qui sera privilégié.

L'accord parfait : le saint-émillion 1970 de Château-Figeac, choisi pour ses notes confites qui enrobent somptueusement une structure encore bien droite.

Un tel vin ne se trouve pas forcément encore par caisses entières dans votre cave. Essayez alors vos plus vieux millésimes, surtout si vous avez des 1982 et 1983 (d'autant plus si ce sont des vins de Larcis-Ducasse ou de Cheval blanc). Si votre cave est plus jeune, préférez la côte de boeuf !

Difficulté : *Facile*
Coût : *Bon marché*
Préparation : *30 minutes.*
Prévoir une marinade de 12 heures minimum.
Cuisson : *3 heures.*
Saison : *Toute l'année*

Daube de bœuf avec un gigondas

Le marché pour 4 personnes

1 kg de bœuf (macreuse et paleron), 2 carottes, 1 oignon, 1 branche de céleri, 1 bouquet garni, 1 tête d'ail, 1,5 l de gigondas, 1/2 écorce d'orange séchée (sans la peau blanche), 1 poireau, 1 pied de veau coupé en deux, 1 couenne, thym et olives selon le goût.

Pour la garniture

80 g de lard de poitrine coupé en dés, 16 petits oignons grelot.

Bourguignon et daube sont des préparations cousines mais fondamentalement différentes. La viande du premier est revenue et la sauce liée. Les écorces d'orange, le thym et les olives entraînent au contraire la daube vers un vin qui doit jouer de sa puissance plus que de sa séduction aromatique.

La cuisine

La veille, éplucher les carottes et l'oignon, les couper en gros dés. Nettoyer le céleri et l'émincer(*). Couper la tête d'ail non épluchée en deux. Dans un récipient, disposer les légumes, la viande, le bouquet garni et le vin rouge. Laisser mariner une nuit.

Le jour même, blanchir 5 minutes le pied de veau et la couenne à l'eau bouillante. Tapisser une cocotte en fonte avec la couenne. Y Mettre tous les éléments de la marinade, la viande et le pied de veau. Faire cuire au four moyen (180 °C, thermostat 5) à couvert pendant environ 3 heures.

Pendant la cuisson, éplucher les petits oignons. Les faire cuire dans l'eau 2 minutes. Les glacer en les faisant revenir avec du sucre et un peu d'eau. Blanchir(*) les lardons 1 minute dans de l'eau bouillante. Les faire sauter rapidement.

➤

➤ A la fin de la cuisson de la daube, sortir le pied de veau et la couenne.

Couper la couenne en petits dés de 0,5 cm de côté. Désosser le pied de veau et couper la chair en petits dés de 0,5 cm. Les rajouter dans la daube. Réduire(*) à feu vif si la sauce est trop liquide.

Accompagner de pommes vapeur ou de pâtes.

Le vin

Avec un gigondas, cru du sud de la vallée du Rhône, d'un millésime âgé et bien mûr.

Il faut un vin qui se soit épanoui sans s'avachir.

L'accord parfait : avec le gigondas 1985 Cuvée Florence du domaine Les Goubert qui emplit la bouche, corrige le gras de la sauce en apportant la fraîcheur de sa structure. Il sait encaisser les taquineries des oignons sans broncher et met dans le pot commun sa part d'arômes puissants.

Si vous n'avez pas ce vin, vous pouvez remonter jusqu'en 1988 et 1989 en choisissant des vins puissants.

Difficulté : *Facile*
Coût : *Bon marché*
Préparation : *30 minutes. Prévoir une marinade de 24 heures.*
Cuisson : *5 heures*
Saison : *Hiver*

Poutreille avec un châteauneuf-du-pape rouge

La poutreille est un plat ancestral que l'on retrouve de Toulouse au Languedoc. Longuement mitonné, le pied de porc lui donne beaucoup d'onctuosité. Le vin devra avoir une forte expression aromatique pour être à la hauteur du plat ainsi qu'une structure effilée pour ne pas se noyer dans la sauce.

Le marché pour 6 personnes

300 g de pâte à pain (mélange de farine et d'eau), 2 kg de macreuse coupée en morceaux, 2 queues de bœuf coupées en morceaux, 2 pieds de porc, 10 cl d'huile d'olive, 2 cuillers à soupe de farine torréfiée au four, 1 l de bouillon de volaille (préparé à partir d'un cube), 1 kg de petites pommes de terre Charlotte, 1 poignée d'oignons grelots, 150 g de champignons de Paris, 1 bouquet garni.

Pour la marinade

3 oignons, 2 carottes, 2 poireaux, 3 branches de céleri, 2 têtes d'ail, thym, laurier, poivre, genièvre, girofle, 5 l de vin rouge corsé et évolué, 10 cl d'huile d'olive.

Prévoir une autre garniture aromatique pour la cuisson des pieds de porc (carotte, céleri, thym, laurier, poivre, clou de girofle).

La cuisine

La veille, faire tremper le bœuf coupé en morceaux dans la marinade 24 heures au frais.
Le jour même, torréfier la farine pour lui faire perdre son goût d'amidon. L'étaler sur une plaque allant au four. Cuire 1 heure en remuant de temps en temps à feu très doux pour ne pas trop colorer.
Égoutter la viande, garder les ingrédients de la marinade.
Amener le vin à ébullition. Flamber(*) pour diminuer l'acidité. Réduire(*) de moitié. Faire dorer les morceaux de viande à la poêle dans l'huile d'olive (certaines régions le font avec du saindoux, de la graisse d'oie ou de canard). Egoutter.
Mettre les légumes et les aromates dans la poêle et les faire colorer. Les placer dans un grand faitout. Ajouter les morceaux de macreuse puis la farine torréfiée. Bien remuer. Verser le vin rouge lentement pour éviter les grumeaux. Compléter avec le bouillon pour couvrir entièrement la préparation. Ajouter le bouquet garni. Cuire à feu doux et à couvert pendant 3 heures. Au bout d'1 heure, ajouter les morceaux de queue de bœuf. Écumer régulièrement.

➤

➤ Faire blanchir(*) 10 minutes dans de l'eau bouillante salée les pieds de porc fendus en deux dans le sens de la longueur. Les passer sous l'eau froide et les remettre à cuire dans de l'eau avec une garniture aromatique à feu doux pendant 2 heures 30. Les égoutter et les désosser.
Cuire les pommes de terre avec leur peau 10 minutes à l'eau salée bouillante. Peler et faire cuire les oignons grelots 10 minutes avec un peu d'eau et de beurre pour les glacer. Laver, couper le bout terreux des champignons de Paris et les tailler en quartiers.
Préchauffer le four à 200 °C (thermostat 6).
Retirer les morceaux de viande du faitout. Filtrer la sauce et la faire réduire(*) si elle est trop liquide. La verser dans une cocotte en fonte. Ajouter les oignons, les champignons, la viande, les pieds de porc et les pommes de terre en remuant pour homogénéiser l'ensemble.
Luter(*) la cocotte avec la pâte à pain après avoir légèrement mouillé le bord du couvercle pour faire adhérer la pâte. Enfourner et cuire 1 heure à 200 °C (thermostat 6).

Le vin

Avec un châteauneuf-du-pape, grand cru du sud de la vallée du Rhône, évolué tout en ayant gardé une structure affirmée.

L'accord parfait : avec le châteauneuf-du-pape rouge 1981 du domaine du Vieux-Télégraphe qui allie parfaitement une structure ferme et des notes aromatiques tertiaires.

Si, malheureusement, vous n'avez plus ce millésime, vous pouvez remonter jusqu'au très beau 1988. Les vins de Cahors (dans le Sud-Ouest) sont également envisageables grâce à leur nervosité. Il faut les choisir également un peu évolués.

Difficulté : *Facile*
Coût : *Elevé*
Préparation : *10 minutes*
Cuisson : *30 minutes*
Saison : *Automne*

Tourte de gibier au pommard

Le marché
pour 4 personnes

400 g de chair de gibier (lièvre, perdrix, canard sauvage, etc.) que votre fournisseur peut désosser (mais il faut garder les os),
200 g de foie gras cru,
80 g de gorge de porc,
40 g de truffe hachée,
fleurs de thym,
4 gouttes de cognac,
4 gouttes d'armagnac,
4 cuillers à café de crème double,
sel, poivre blanc,
800 g de pâte feuilletée,
1 œuf battu.

Pour le jus
Petits légumes divers au choix (carottes en botte, petits navets, pois gourmands...)

Un plat au goût corsé mais d'une saveur franche, joyeuse et gourmande. Il appelle un vin puissant.

La cuisine

Faire un jus avec les os sectionnés et les petits légumes coupés en dés minuscules de 1 mm (brunoise). Faire revenir dans un peu de beurre, ajouter de l'eau et cuire 30 minutes. Réduire(*) à volonté pour corser le jus. On peut en arroser la tourte au moment de servir ou l'ajouter à la vinaigrette pour une salade en accompagnement.

Hacher au couteau et surtout pas au mixeur (pour garder des morceaux) tous les ingrédients. Bien mélanger dans une terrine. Ajouter l'alcool et la crème. Etaler la moitié de la pâte feuilletée, y placer la farce, la couvrir d'une autre couche de pâte, badigeonner à l'œuf battu et faire cuire au four à 190 °C (thermostat 6) pendant 30 minutes.

Servir avec une salade.

Le vin

Avec un pommard, vin rouge de Bourgogne de la région de Beaune, parvenu à maturité.

L'accord parfait : avec le pommard Rugiens 1978 de De Montille, choisi pour sa vigueur intacte et sa puissance aromatique.

Réalisé en 1993, cet accord a désormais besoin de vins plus jeunes pour se renouveler. On choisira plutôt 1987 ou 1989 ou, si l'on est impatient ou démuni de vieux millésimes, des vins ébouriffants de jeunesse (1989 et 1994) quand ils sont très mûrs et ronds.

Difficulté : *Facile*
Coût : *Modéré*
Préparation : *15 minutes. Prévoir une marinade de 36 heures minimum.*
Cuisson : *1 heure 30*
Saison : *Hiver*

Civet de lièvre avec un châteauneuf-du-pape rouge

Le marché pour 4 personnes

12 devants (épaules) de lièvre mais on peut également utiliser les cuisses,
1,5 litre de vin rouge tannique,
1 dl d'huile d'arachide,
1 oignon moyen et 1 carotte moyenne coupés en rondelles,
1 échalote,
1 branche de céleri,
2 gousses d'ail,
1/4 de botte de persil,
2 baies de genièvre,
1 clou de girofle,
5 feuilles de sauge,
1 branche de romarin,
1 bouquet garni (thym, laurier, vert de poireau),
150 g de poitrine de porc fraîche en 4 morceaux,
15 g de farine,
2 bouillons cube viande,
sel, poivre,
1 dl de sang de lièvre (ou de porc).

Une chair compotée au fumet puissant, une sauce au vin liée par le sang. Pas de doute, ce vin-là doit avoir les épaules larges.

La cuisine

Faire mariner au moins 36 heures les devants de lièvre avec le vin rouge, les légumes et les épices. Egoutter.

Le jour-même, faire rissoler à l'huile dans une cocotte les morceaux de poitrine fraîche puis les devants de lièvre et bien les colorer. Ajouter la farine, mélanger bien et faire cuire la farine quelques minutes (pour enlever le goût d'amidon). Pendant ce temps, chauffer la marinade, la flamber(*) pour diminuer l'acidité, la faire réduire(*) d' 1/4. La verser sur les avants de lièvre. Si nécessaire, compléter avec de l'eau pour couvrir (dans ce cas, ajouter un cube de bouillon).

Porter à ébullition. Faire cuire à feu doux environ 1 heure 30. Lorsque la viande est cuite, la retirer avec la poitrine, passer la sauce à travers une passoire fine (chinois). Réduire(*) si nécessaire. Rectifier l'assaisonnement.

Au dernier moment, lier cette sauce avec le sang (hors du feu pour ne pas faire bouillir, ce qui coagulerait le sang).

➤

➤ Après quelques minutes, la sauce va se lier. Remettre la viande dans la sauce et servir bien chaud.

Les légumes et les épices, gorgés de vin, ne sont là que pour donner du goût. Pour accompagner le plat, servir des pâtes fraîches, des petits oignons grelots, des lardons de poitrine sautés (éventuellement récupérés de la marinade) et des petits croûtons.

Le vin

Avec un châteauneuf-du-pape rouge, appellation du sud de la vallée du Rhône, évolué.

Le vin doit être souple et bien mûr mais avoir conservé son acidité pour équilibrer le civet.

L'accord parfait : avec le châteauneuf-du-Pape rouge 1990 du domaine Mont-Redon.

Sa puissance contrebalance la sauce pendant que sa chair épouse celle du civet. La remarquable structure acide de ce vin donne de la fraîcheur au plat.

Vous pouvez également prendre un 1988, voire un 1994 qui a évolué plus vite.

Difficulté : *Minutieux mais facile*
Coût : *Elevé*
Préparation : *1 heure*
Cuisson : *2 fois 10 minutes*
Saison : *Hiver*

Chevreuil au vinaigre de framboise avec un nuits-saint-georges

Le marché pour 4 personnes

800 g de filet de chevreuil

Pour la marinade
1 cl de jus de citron vert,
1 cl de vinaigre de framboise,
15 cl de vin rouge,
2 échalotes hachées,
5 queues de persil.

Pour la garniture
50 g de poivron vert,
100 g de poivron rouge,
800 g de céleri rave,
100 g de céleri branche,
1 botte de persil,
100 g de pain de mie,
1 citron vert taillé en julienne(*) et blanchi(*),
10 baies roses,
200 g de crépine,
125 g de beurre,
4 grains de genièvre,
1/4 l de crème liquide,
lait.

Prévoir un emporte-pièce(*) et éventuellement une cuiller à pommes parisienne.

La chair du chevreuil, très fine et onctueuse, ne doit surtout pas être trop cuite. Le plat est accompagné d'une garniture de céleri, de différents poivrons et d'une réduction à base de vinaigre aromatisé à la framboise. Fruits rouges, taquinerie de l'acidité, moelleux des chairs : on est en plein dans l'univers du nuits-saint-georges, dans l'oeil du cyclone!

La cuisine

Confectionner la marinade en mélangeant tous ses éléments.

A l'aide d'un emporte-pièce(*) de 3 cm de diamètre, tailler des cylindres dans le céleri rave. Les cuire dans un mélange de lait et d'eau à égalité, les laisser refroidir. Creuser un puits dans chaque cylindre (à l'aide d'un petit couteau ou d'une cuiller à pommes parisienne). Garder la pulpe découpée.

Eplucher le céleri branche. Le cuire à l'eau. Le couper en brunoise(*). Mélanger avec la pulpe récupérée de céleri rave, également coupée en brunoise(*). Finir de cuire le mélange dans de la crème pour qu'il en soit bien enrobé. Remplir les puits de céleri rave de ce mélange.

➤

➤ Blanchir 1 minute les feuilles de persil dans une eau bouillante salée. Egoutter et cuire dans de la crème légèrement réduite. Procéder de la même façon pour les poivrons rouge et vert également taillés en brunoise(*). Mariner le chevreuil 10 minutes. L'enrouler dans la crépine pour éviter la formation d' une croûte autour de la viande et la cuire 4 à 5 minutes au four à 180°C (thermostat 5). Réduire la marinade aux 3/4. La monter(*) au beurre en incorporant des petits copeaux de beurre ramolli, tout en fouettant vigoureusement. Ecraser les baies de genièvre et laisser infuser 10 minutes dans la marinade réduite. Passer à la passoire fine (chinois). Poêler le pain de mie, le détailler en petits croûtons (3 cm de diamètre). Placer le persil à la crème et les poivrons à la crème sur les croûtons.

Réchauffer les cylindres de céleri au four.

Disposer sur l'assiette le chevreuil tranché et sur les bords les croûtons de persil à la crème, les croûtons aux poivrons et les cylindres de céleri.

Le vin

Avec un nuits-saint-georges, une appellation bourguignonne de vins rouges. Il faut une grande année pour la parfaite maturité mais aussi un vin qui a su garder une acidité naturelle pour équilibrer la réduction(*).

L'accord parfait : le nuits-saint-georges Les Champs Perdrix 1990 d'Alain Michelot, qui se coule dans la texture du gibier, relance le plat en allant le taquiner sur ses notes acidulées. Le plat allonge le vin en mettant en valeur sa suavité.

On peut également essayer les 1989 mais aussi les 1991 et les 1994 selon son goût pour des bourgognes plus ou moins jeunes.

Difficulté : *Moyenne*
Coût : *Elevé*
Préparation : *1 heure*
Cuisson : *45 minutes*
Saison : *Hiver*

Garenne rôti au céleri de truffe avec un saint-émilion

Le marché
pour 4 personnes

2 lapins de Garenne,
100 g de pousses d'épinards,
1 céleri rave,
40 g de truffes,
oignons,
ail, thym, laurier,
2 dl de crème,
jus de truffe,
80 g de gorge de porc,
60 g de foie gras cru,
feuilletage,
quelques gouttes de cognac,
vinaigrette.

Prévoir éventuellement un accompagnement de cèpes sautés.

Tandis que l'épaule compote longuement et concentre ses arômes, le râble cuit rapidement et garde tout son moelleux sous une mince pellicule craquante. En accompagnement, un petit pâté de cuisses, assouplies par du foie gras, et quelques cèpes sautés. Une tonalité gibier et une texture ferme qui demandent un vin structuré mais mûr.

La cuisine

Faire dépouiller et vider les garennes par le boucher.
Lui demander de détacher les avants (pattes avant), les cuisses et les râbles en gardant chaque pièce entière. Il peut également désosser les cuisses.

Préparation des pâtés de cuisses : désosser les cuisses si le boucher ne l'a pas fait et les couper en petits dés. Les mélanger pour faire une farce avec la moitié des truffes coupées en dés, le foie gras, la gorge, le sel, le thym, le laurier, le cognac et le poivre. Partager la farce en quatre. Entourer chaque portion de pâte feuilletée pour faire des pâtés.

Cuisson des râbles et des avants : assaisonner les râbles, les faire rôtir au four à 200°C (thermostat 6) pendant 12 à 17 minutes selon la grosseur. Laisser reposer. Pendant ce temps, couper et colorer les avants de lapin

➤ avec les oignons émincés(*), le thym, le laurier, l'ail.
Laisser compoter à couvert à four moyen pendant 45 minutes.
Préparation du céleri : peler et couper le céleri en tranches de 1 cm d'épaisseur. Y découper des rondelles d'environ 5 cm de diamètre à l'aide d'une tasse à thé renversée. Il faut seize rondelles. Faire cuire à l'eau salée. Faire réduire(*) la crème et le reste des truffes hachées. Mettre les rondelles de céleri dans la crème. Assaisonner.
Laver les pousses d'épinards. Les assaisonner d'une vinaigrette.
Faire cuire les pâtés 7 minutes à 200 °C (thermostat 6).
Réchauffer les râbles au four, les couper en deux.
Faire un lit de rondelles de céleri au fond de chaque assiette.
Y poser une portion de râble.
Disposer la salade d'épinards en haut de l'assiette à droite, le pâté à gauche et placer au-dessus l'avant de lapin et les oignons confits qui ont servi à la cuisson des avants.

Le vin

Avec un bordeaux rouge saint-émilion.

Il doit être à point, structuré, avec des tanins soyeux.

L'accord parfait : avec le saint-émilion 1989 Château Beauséjour Bécot, choisi pour sa nervosité qui accompagne bien les notes rôties d'une part et la maturité du merlot qui amplifie le moelleux des notes compotées d'autre part.

Réalisé il y a trois ans, cet accord est toujours d'actualité. Si vous n'avez pas ce vin, vous pouvez chercher du côté des 1982, 1985, 1986 et 1988, surtout avec des vins à dominante merlot (Moulin Saint-Georges, Canon La Gaffelière, Pavie, Fleur Cardinale).

Les amateurs de vieux bordeaux peuvent également sortir leurs vénérables bouteilles. Si elles sont mieux en situation sur les cèpes et les pâtés, le reste du plat leur donnera un petit coup de fouet.

Desserts

Difficulté : *Facile*
Coût : *Modéré*
Préparation : *20 minutes*
Cuisson : *20 minutes*
Saison : *Juillet/novembre*

Figues rôties et tarte à la cannelle avec un pinot gris

Le marché
pour 4 personnes

16 figues bien mûres,
20 g de beurre,
50 g de sucre en poudre,
cinq-épices chinoises,
cannelle en poudre,
2 dl de coulis de fruits rouges (préparé en mixant 300 g de fraises et framboises ou acheté congelé),
20 g de sucre cassonade,
100 g de pâte feuilletée.

Un dessert peu sucré qui s'accordera avec les vieux millésimes ayant digéré leur sucre résiduel ou les vins plus jeunes mais très équilibrés qui n'affichent pas leur liqueur. Ils investissent le palais de la gourmandise pour le flatter.

La cuisine

Préparation des figues rôties : préchauffer le four à 200 °C (thermostat 6). Laver les figues rapidement à l'eau froide, les sécher et les inciser sur le dessus en formant une petite croix d'une profondeur de 1 cm. Poser sur feu moyen une cocotte en fonte contenant le beurre. Quand il est chaud, ajouter le sucre et le faire fondre pour obtenir un caramel.

Poser huit figues sur le caramel, saupoudrer de cannelle, mettre au four environ 15 minutes. Ajouter un peu d'eau pour que le mélange ne brûle pas. Remuer la cocotte de temps en temps. Arroser les figues de leur jus pour bien les confire.

Confection de la tarte : étaler la pâte feuilletée, lui donner une épaisseur de 3 mm environ. Faire cuire au four pendant 8 minutes entre deux plaques à pâtisserie (en intercalant du papier sulfurisé) pour qu'elle ne gonfle pas. Faire refroidir et confectionner quatre cercles de 8 cm de diamètre environ à l'aide d'un bol renversé. ➤

➤ Couper le restant des figues en deux.
Extraire la chair à l'aide d'une petite cuiller et l'écraser à la fourchette dans une terrine pour en faire une purée.
Assaisonner de cannelle, d'une pincée d'épices chinoises et étaler ce mélange sur les cercles de pâte feuilletée.
Saupoudrer de la cassonade de sucre et caraméliser sous la grille du four.

Finition et présentation : sur chaque assiette, placer la tarte aux figues à la cannelle en bas, l'entourer de 2 figues rôties. Verser un cordon de jus de cuisson et de coulis de fruits rouges sur le côté. Servir immédiatement.

Le vin

Avec un pinot gris d'Alsace, liquoreux et très équilibré par l'acidité et la fraîcheur.

Le dessert étant peu sucré, il doit se garder des vins qui l'empâteraient.

L'accord parfait : avec un pinot gris Sélection de grains nobles 1989 de la Maison Léon Beyer.

Très équilibré par l'acidité, ce vin ne montre pas sa liqueur importante et réalise un parfait accord aromatique fumé.

Cet accord est également valable avec les 1990 qui ont souvent mieux su préserver leur acidité. Si on préfère les vins évolués ayant digéré leurs sucres résiduels, on ira alors chercher son bonheur du côté des 1976, 1983, 1985 et 1988.

Difficulté : *Facile*
Coût : *Bon marché*
Préparation : *15 minutes*
Cuisson : *15 minutes*
Saison : *Toute l'année*

Tarte Tatin aux mangues avec un coteaux-du-Layon

Le marché pour 4 personnes

500 g de pâte feuilletée,
4 mangues (assez mûres),
150 g de beurre,
150 g de sucre,
6 fruits de la passion,
4 citrons verts.

Prévoir quatre poêles à blinis.

Un dessert plus sucré que le précédent, dominé par des notes exotiques. Il lui faut un vin capable de donner une poussée dans le dos au sucre pour le faire marcher droit, offrant son botrytis pour donner le bras au caramélisé de la tarte et à l'exotisme de la mangue et des fruits de la passion.

La cuisine

Eplucher 2 mangues, les couper en 2, puis les émincer(*).
Prendre quatre poêles à blinis, y mettre la moitié de beurre ainsi que la moitié de sucre, cuire pour faire un caramel blond.

Etaler la pâte feuilletée sur un plan fariné sur une épaisseur de 3 mm environ. Découper des cercles un peu plus larges que le diamètre des poêles à l'aide d'un petit bol renversé.

Bien ranger les tranches de mangue dans les poêles.
Ajouter les ronds de feuilletage puis mettre au four 15 minutes environ à 200 °C (thermostat 6).

Pendant ce temps, mixer la pulpe des 2 autres mangues pour en faire un coulis. Incorporer la pulpe des fruits de la passion après les avoir passés au mixeur.

➤

Découper la peau des citrons verts, enlever le blanc et la tailler en julienne[*]. La faire confire sur feu doux avec un peu d'eau et un peu de sucre pendant 15 minutes.

Démouler les tartes quand le feuilletage est bien coloré.

Disposer chaque tarte retournée au milieu de l'assiette avec le coulis de mangues aux fruits de la passion autour.

Mettre les zestes de citrons verts confits par dessus. Servir tiède.

Le vin

Avec un coteaux-du-Layon, vin liquoreux de la vallée de la Loire, jeune.

Sa fraîcheur est nécessaire pour mettre un peu d'ordre dans le feu d'artifice aromatique de ce dessert.

L'accord parfait : avec le coteaux-du-Layon Beaulieu 1994 Cuvée L'Anclaie du Château Pierre Bise, choisi pour sa structure à poigne et ses langueurs orientales.

On cherchera éventuellement d'autres accords avec les meilleurs producteurs de l'appellation dans le même millésime (Clos des Bois Saint-Aubin de Jo Pithon, Rablay Cuvée Noblesse du domaine des Sablonettes) ou une année un peu plus vieille (Cuvée Nectar 1990 du domaine Ogereau). Tous ont deux points communs : une grande liqueur et une belle nervosité. En un mot, l'apanage des grands chenins de la Loire.

On pourra également explorer les liquoreux offrant la même structure acide avec des rieslings d'Alsace ou des jurançons du Sud-Ouest.

Difficulté : *Facile*
Coût : *Bon marché*
Préparation : *30 minutes*
Cuisson : *1 heure*
Saison : *Automne*

Coing poché avec un muscat de Rivesaltes

Le marché
pour 4 personnes

4 coings,
2 oranges non traitées,
1 pamplemousse non traité,
4 gousses de vanille coupées en deux dans la longueur,
4 bâtons de cannelle,
1 litre d'eau,
700 g de sucre,
le jus de 2 citrons jaunes.

Trop négligé, le coing est un fruit délicieux dont on retrouve souvent les arômes dans le vin (surtout liquoreux). Longuement poché dans un sirop dominé par les agrumes, il appelle un vin onctueux mais frais.

La cuisine

Éplucher les oranges, retirer la peau blanche, tailler la peau en lanières de 8 cm de long sur 1 cm de large. Placer les lanières dans une petite casserole, couvrir d'eau et porter à ébullition pendant 2 minutes. Egoutter, passer sous l'eau froide et renouveler l'opération une fois.

Procéder de la même façon avec le pamplemousse. Réserver(*) les lanières sur une assiette.

Peler les coings, les couper en deux, enlever les pépins, couper en 6 quartiers et réserver(*) sur une assiette.

Préparation du sirop et cuisson des coings : diluer le sucre avec l'eau dans une grande casserole sur feu vif. Ajouter la cannelle, la vanille, le jus de citron et porter à ébullition. Plonger les coings, baisser l'intensité du feu et faire pocher à très faible ébullition pendant environ 40 minutes jusqu'à ce qu'une aiguille puisse les transpercer facilement.

➤ (Prendre bien soin d'immerger les coings dans le sirop, sinon en ajouter, à raison de 700 g de sucre pour 1 litre d'eau).

Ajouter les écorces d'oranges et de pamplemousse pendant les 10 dernières minutes de la cuisson des coings.

Finition et présentation : sortir les coings du sirop à l'aide d'une écumoire et les répartir dans les assiettes. Garnir avec les écorces d'oranges et de pamplemousses, décorer avec les bâtons de cannelle et les gousses de vanille. Verser un cordon de sirop dans l'assiette et servir immédiatement.

Le vin

Avec un muscat de Rivesaltes, un vin doux naturel du Roussillon.

Ce vin est un monde à redécouvrir à lui seul!

L'accord parfait : avec le muscat de Rivesaltes 1985 du Château de Nouvelles, choisi pour sa matière onctueuse, son équilibre et surtout parce qu'il a su garder sa fraîcheur et sa jeunesse.

On peut également tenter l'accord (en jouant sur la quantité de zeste d'agrumes) avec un tokay de Hongrie liquoreux 5 puttonyos (en privilégiant l'orange), un jurançon du Sud-Ouest (en privilégiant le pamplemousse), ou un vouvray très moelleux.

Difficulté : *Facile*
Coût : *Bon marché*
Préparation : *20 minutes*
Cuisson : *30 minutes*
Saison : *Toute l'année*

Mille-feuille praliné avec un porto

Le marché
pour 4 personnes

200 g de pâte feuilletée,
sucre glace,
1 sachet de pralin,
1/4 de litre de lait,
3 jaunes d'œuf,
25 g de sucre en poudre,
25 g de farine,
20 cl de crème fraîche épaisse,
20 cl de crème liquide,
cacao amer en poudre.

Devant cette délicieuse avalanche de sucre qui sait toutefois rester légère, il faut des portos encore sur le fruit mais pas trop puissants, ce qui exclue les vintage.

La cuisine

Étaler la pâte feuilletée sur un plan fariné sur une épaisseur d'environ 3 mm.

Saupoudrer légèrement de sucre glace.

Beurrer la plaque à pâtisserie du four et y placer la pâte.
La piquer avec une fourchette. Mettre une plaque par dessus et faire cuire 25 minutes à 200 °C (thermostat 6). Laisser refroidir.

Préparation de la crème pâtissière: battre les jaunes d'œuf en omelette avec le sucre en poudre. Ajouter la farine, bien mélanger. Ajouter une pointe de sel puis verser le lait bouillant sans cesser de remuer.

Cuire à feu doux en remuant toujours jusqu'au premier bouillon (environ 15 minutes).

Ajouter le pralin. Bien mélanger. Laisser refroidir.

➤ **Préparation de la crème fouettée :** battre au fouet la crème fraîche épaisse glacée (dans une jatte elle-même posée dans un saladier rempli de glace) et la crème liquide.

Battre lentement pour commencer, puis accélérer au fur et mesure que la crème mousse. Arrêter de battre dès que la crème forme un bec au bout du fouet. Réserver(*) au frais.

Tailler douze rectangles dans le feuilletage.

Mélanger très délicatement la crème pâtissière à la crème fouettée. Monter les mille-feuilles en intercalant les rectangles de feuilletage et le mélange de crème. Saupoudrer de sucre glace et de cacao amer.

Le vin

Avec un porto jeune. Les portos sont des vins mutés, c'est-à-dire qu'on leur a gardé une partie de leur sucre naturel en bloquant la fermentation alcoolique par l'ajout d'alcool.

Léger mais sucré, le dessert appelle des portos encore sur le fruit mais pas trop puissants, ce qui exclue le vintage (millésimé).

L'accord parfait : un tawny de 10 ans (Fonseca ou Ramos Pinto)

Les 20 ans les plus fruités (type Fonseca) font également l'affaire, ainsi que les banyuls (vin doux naturel du Roussillon) encore sur le fruit, dans des millésimes récents, par exemple 1996.

Difficulté : *Facile*
Coût : *Bon marché*
Préparation : *30 minutes, prévoir 3 heures au frais*
Saison : *Eté*

Le marché
pour 4 personnes

10 pêches blanches,
100 g de sucre semoule,
10 feuilles de menthe,
10 cl de champagne,
1/2 jus de citron.

Soupe de pêches avec un muscat du Roussillon

Pour ce dessert très frais, il faut un vin jeune, pas trop alcoolisé.

La cuisine

Peler les pêches en les plongeant dans l'eau bouillante puis dans l'eau glacée si la peau est difficile à décoller.
Couper sept d'entre-elles en quartiers. Couper les trois autres en morceaux. Les mettre dans un mixeur avec le sucre, le champagne et 4 feuilles de menthe.
Mixer pour faire un coulis. Ajouter le jus de citron.
Mettre les quartiers de pêches à macérer dans le coulis.
Laisser rafraîchir au réfrigérateur pendant 3 heures.
Servir très frais avec le reste des feuilles de menthe ciselées(*).

Le vin

Avec un muscat de Rivesaltes, vin doux naturel du Roussillon, jeune et pas trop alcoolisé.

L'accord parfait : avec le muscat 1996 du Domaine de la Casenove, choisi pour son entrain et son équilibre.

Le millésime 1997 n'ayant pas été particulièrement favorable aux vins doux naturels, on restera attaché aux 1996, tout en écoulant ses derniers 1995.

Fromages

Je me suis souvent étonné de l'habitude, pourtant très répandue, de proposer du vin rouge avec le fromage. Les tannins du vin ressortent presque toujours et le fromage casse littéralement la structure des vins qui apparaissent aussitôt décharnés et secs quand ils ne sont pas affublés d'un mauvais goût métallique.

Je me suis toujours demandé d'où ces épousailles fromage-vin rouge tenaient leur légitimité. Je dois tout de même avouer que j'ai parfois assisté à des rencontres courtoises entre un fromage et un vin rouge (par exemple un Saint-Nectaire avec un saint-julien ou un pomerol jeunes, quand l'onctuosité de la pâte venait tempérer l'impétuosité de l'attaque du vin). J'ai parfois vu des fromages bourguignons, Langres ou Epoisses, côtoyer sans convaincre un pommard. Dans la plupart des cas, le vin le plus soyeux semblait se hérisser de piquants...

Cet échec m'a pourtant souvent déçu. J'aime l'idée que les produits d'une même région puissent vivre en osmose. Mais les tentatives de bon voisinage tournent souvent à la querelle de clocher.

La rencontre entre un Saint-Marcellin et un fleurie vire vite à l'aigre : le gras du fromage s'accommode certainement beaucoup mieux de la présence d'un blanc liquoreux nerveux comme un jurançon...

Maîtriser la diversité

Trouver un accord parfait entre vin et fromage est encore plus difficile que pour les autres mets tant les variables sont nombreuses et fluctuantes. "*Deux fabrications dans la même journée, chez le même fromager, seront différentes*", affirme avec justesse l'un de mes meilleurs fournisseurs.
La période de l'année (avant ou après la mise-bas des chèvres par exemple) donnera encore des laits différents chez un même éleveur. Bien entendu, la durée et la qualité de l'affinage influenceront aussi fortement le goût des fromages.
Alors qu'un accord entre vin et fromage est l'une des plus belles choses à goûter, c'est aussi l'une des plus instables. Les fromages sont de véritables caméléons aux visages multiples et changeants.
De même qu'il n'y a pas "un" bordeaux ou "un" bourgogne, il n'existe pas "un" chèvre pas plus qu'il n'y a "un" Rocamadour ou "un" Valençay mais des fromages très différents selon le producteur, l'époque de la traite, les caractéristiques des pâturages (donc du lait), l'affineur...
On pense "chèvre", mais cela va du sec au crémeux et appellera des vins différents, d'un sauvignon minéral à un chardonnay plus riche.
On pense "persillé", mais cela peut aller d'un bleu plutôt sec (Fourme) à un fromage très gras (Roquefort). Et, si l'on choisit un porto pour l'accompagner, il faudra puiser dans la large gamme qui va du tawny au vintage...
Je voudrais encore souligner trois points :

Non aux plateaux de fromages trop fournis !

Ils sont séduisants à l'œil mais empêchent de proposer un vin fédérateur. Mieux vaut présenter un ou deux fromages parfaitement affinés et les vins qui vont avec.

Sachez changer de registre !

Certaines personnes partageant mon point de vue sur les rouges répugnent cependant à "revenir en arrière" avec un blanc pour le fromage après un rouge qui a accompagné le cœur d'un repas. Si c'est votre cas, restez sur la couleur rouge mais changez de registre en adoptant un vin muté (porto ou banyuls), qui imposera son fromage d'accompagnement (persillé).
Autre solution pour changer de registre : choisir un fromage se mariant à une eau-de-vie (par exemple Epoisses et vieux marc de Bourgogne).

L'importance du pain

On propose souvent une multiplicité de pains (aux noix, au fruits...) au moment du fromage. Je pense qu'il faut utiliser des pains neutres car les pains aromatisés perturbent souvent l'accord entre le fromage et le vin. Il y a cependant des exceptions heureuses (pain aux noisettes avec un chardonnay, brioche aux cerises avec un banyuls ou un porto jeunes, pain aux pruneaux avec un porto ou un banyuls évolués, pain au cumin avec un gewurztraminer et un munster).
Plus le fromage est jeune, plus il réclame un pain frais (mais attention aux notes sucrées de certains).
En revanche, on choisira un pain de campagne grillé sur des fromages gras pour estomper ce gras et faciliter l'accord avec le vin.
Des fromages à pâte molle, à croûte lavée et alcaline, comme l'Epoisses ou le Maroilles, demanderont des pains avec une forte proportion (1/3) de farine de seigle.
Des chèvres d'Ardèche aimeront un pain aux olives, surtout s'ils sont servis avec un saint-joseph blanc.
Mais surtout (à mon goût), oubliez le beurre qui accentue le gras sans rien apporter au fromage.

Fruits de centaines d'essais souvent remis en cause, je vous livre toutes mes pistes. A vous de les suivre... et de les prolonger...

Chèvres et brebis

Faisons d'abord une expérience pour illustrer ce qui précède :
prenons un assortiment de neuf chèvres (Selles-sur-Cher, Pélardon, bûche de l'Ariège, Solognot, Capri lézéen, Cabecou, tomette des Beauges, Charolais, briquette de l'Aveyron) et de six brebis (Lacandou, Gros Pérail, tomme de brebis Ardigasna, brebis du Tarn, Fiumorbo de Corse, Mouna corsa). On décèlera dans chacun un évident goût de terroir. Les chèvres élevées en altitude donnent en effet des produits marqués par la flore (garrigue) et les fromages du Tarn, de l'Aveyron ou de la Savoie ont une typicité plus accentuée que ceux de la région de la Loire.
Les textures surtout sont différentes : le capri du Poitou offre une matière molle et onctueuse, alors que la bûche de l'Ariège a une pâte plus serrée et un goût miellé.
La tommette de Savoie présente une pâte beurrée et une texture serrée et tend vers un goût de champignon.

Les vins puissants (par exemple les blancs du nord de la vallée du Rhône) dominent les fromages, mais, trop délicats (chasselas de Pouilly-sur-Loire), ils s'écrasent. Les vins avec du sucre résiduel (rieslings ou vouvray) voient leur sucre ressortir sur la plupart des fromages (mais peuvent s'accorder avec les notes miellées de la bûche ou la crème de la briquette).
Ce sont le plus souvent des vins issus de sauvignon qui tirent leur épingle du jeu : Sancerre et Pouilly-Fumé aiment le chèvre et c'est chez eux que l'on trouvera le plus facilement un accompagnateur. A moins que l'on accepte d'explorer les vins étrangers. J'ai, presque chaque fois, un grand plaisir à marier les fromages de brebis avec un xérès qui navigue à l'aise entre la pâte serrée de la tomme, celle plus onctueuse du brebis du Tarn et la saveur fraîche du Fiumorbo tendre.

Les tommes

On rentre ici dans une famille de fromages plus complexes et structurés. Avec le comté, je suis presque toujours heureux avec les côtes-du-jura assez jeunes mais marqués par une pointe de savagnin. Quand j'ai affaire à un fromage à l'affinage très poussé, difficile à marier car le sel ressort alors, je choisis souvent un vin jaune.
La famille des tommes est l'une des rares qui me permette d'associer un vin rouge. Les notes lactiques de senteurs de champignons et de poivre d'une tomme de Savoie, la douceur d'une tomme de brebis de la vallée d'Ossau, aiment le pinot jeune et frais (type Corton).

Les fromages forts

Bien que cela soit traditionnel, je suis rarement heureux quand je sers un cidre artisanal ou un calvados avec un camembert. Le fromage fait ressortir l'alcool du calvados et le sucre du cidre (même “sec”). Il y a pourtant des exceptions : le Pays d'Auge Bréavoine qui contrebalance le fromage par sa puissance et son alcool et le cidre de Marlet qui sait faire respecter sa finesse.
Par association d'idées, l'Epoisses (fromage de Bourgogne à croûte lavée avec du vieux marc) trouve son compte avec un vieux marc de Bourgogne qui aura perdu son côté trop aromatique et surtout apaisé son feu : le mariage réussit là où le calvados échoue généralement avec le camembert.
Le munster réussit également à respecter la tradition avec un gewurztraminer et un pain au cumin. Si les Vendanges tardives se distinguent particulièrement, grâce à leur concentration, on devra choisir celles qui ont cependant le moins de sucre résiduel.

Les persillés

De vache (fourme d'Ambert, bleu d'Auvergne, fourme de Montbrison, Stilton) ou de brebis (Roquefort), ces fromages confirment les accords classiques avec les vins mutés, banyuls ou porto tout en autorisant des escapades vers des vins liquoreux droits et un peu austères, type Tokay (surtout si on les accompagne d'une brioche aux fruits secs, abricots ou coings, toastée).
Si l'on choisit les vins mutés, il faudra tenir compte de la texture des fromages (moelleux pour le Roquefort, souple et tendre pour la fourme d'Ambert, à grain très serré pour celle de Montbrison, serrée pour le bleu d'Auvergne) pour choisir dans la gamme qui va du tawny au vintage pour les portos, des vieux vins classiques aux millésimés pour les banyuls, en les accompagnant dans les deux cas d'une brioche aux cerises.
L'usage, hélas trop répandu !, qui veut qu'on accompagne les persillés d'un vin rouge m'a toujours navré. Les vins y trouvent un goût métallique insupportable.
Après ces gammes qui pourront vous servir pour vos propres essais, voici l'abécédaire de mes meilleurs accords, réalisés depuis une dizaine d'années. Il est loin d'être exhaustif. Il reste encore beaucoup de chemin à parcourir...

Petit abécédaire des meilleurs accords

Banon (chèvre gras), avec, surtout quand il est très affiné, un jurançon riche et mûr (style Cauhapé).

Bleu d'Auvergne, avec un vin muté, banyuls ou maury, de quelques années et un pain aux pruneaux.

Bleu de Gex (persillé de vache), avec un vin muté de quelques années, banyuls et maury (avec un pain aux pruneaux) ou un liquoreux (par exemple, un cérons, une appellation bordelaise méconnue). C'est un fromage qui permet de servir des liquoreux de petites années, gardant de la nervosité.

Bleu de Termignon (persillé de vache), avec un vin muté, banyuls ou maury, évolué et un pain aux pruneaux.

Bleu des Causses (persillé de vache), avec un vin muté de quelques années, banyuls ou maury et un pain aux pruneaux. Quand il est très crémeux, choisir un porto vintage pour le fruit et l'accompagner alors d'une brioche aux cerises.

Brebis des Pyrénées, dont la pointe salée fait merveille avec un graves blanc à maturité, surtout quand il est largement basé sur le sémillon (Laville-Haut-Brion).

Brebis du Tarn (chèvre onctueux), avec un xérès.

Briquette de l'Ardèche (chèvre), avec un vin de Savoie, le chignin-bergeron, qui voit son côté floral s'épanouir comme un bouquet, ou bien un saint-joseph blanc (et un pain aux olives).

Briquette de l'Aveyron (chèvre crémeux), avec un riesling pas tout à fait sec.

Bûche de l'Ariège (chèvre à la texture très concentrée), avec un vin également concentré, d'un millésime jeune, type châteauneuf-du-pape blanc de Mont-Redon. Le palette Château Simone blanc, un vin de Provence, convient également. On peut choisir d'autres vins de la vallée du Rhône, saint-péray tranquilles et saint-joseph blancs, ou un chignin-bergeron de Savoie.

Camembert, avec quelques rares cidres artisanaux (Bréavoine ou Marlet), éventuellement un côtes-du-jura à goût de jaune, avec un pain aux noix ou aux noisettes (suivant l'intensité du goût de jaune).

Cantal, avec un vin carré, type châteauneuf-du-pape blanc puissant ou un hermitage blanc.

Capri lézéen (chèvre), avec un pouilly-fumé.

Carré du Berry (chèvre à pâte serrée), avec le même type de vins que pour le Capri.

Chaource, avec un chablis évolué.

Charolais, avec un vin blanc du Mâconnais.

Chèvre des Pyrénées ariégeoises, avec un jeune chignin-bergeron (vin de Savoie).

Claquebitou de Haute-Bourgogne (chèvre gras), avec un chablis mûr et riche, surtout si on accompagne le fromage d'un pain aux noisettes.

Comté, avec un côtes-du-jura riche et marqué par le savagnin. Avec un vin jaune du Jura quand le comté est très affiné. Un chablis minéral et nerveux convient également. Un pouilly-fuissé à maturité offre aussi une belle alliance de la fermeté et de la finesse.

Crottin de Chavignol (chèvre à pâte serrée), avec un sancerre jeune et puissant (cuvées Flores et Nuance de Vincent Pinard, Grande Côte et sancerre Chavignol de Cotat, Chêne Marchand de Crochet). Un vouvray jeune et très sec convient également.

Epoisses, avec un vieux marc de Bourgogne pas trop aromatique et surtout ayant apaisé son feu. Eventuellement une eau-de-vie blanche, à condition qu'elle soit aromatiquement discrète.

Fiumorbo de Corse, avec un xérès.

Fourme d'Ambert (persillé de vache), avec un vin muté évolué, banyuls ou maury, et un pain aux noix ou aux fruits secs. Un côtes-du-jura peut également convenir, ainsi qu'un porto tawny avec une brioche à la cerise.

Fourme de Montbrison (persillé de vache), avec les mêmes vins.

Fribourg, avec un côtes-du-jura à fort goût de jaune ou un vin jaune Château-Chalon quand le fromage n'est pas trop affiné (un à deux ans).

Livarot, avec un côtes-du-jura à fort goût de jaune.

Maroilles, avec un champagne d'assemblage, alliant la finesse du chardonnay et une bonne assise due au pinot. Les arômes très frais interviennent ainsi à propos devant l'amplitude de goût du fromage à condition qu'il soit crayeux à cœur.

Mothais des Deux-Sèvres (un chèvre très gras et acidulé, à la pâte large et aérée, beurrée, quand il est jeune, mais qui se resserre ensuite), avec un sancerre riche, type Grande Côte de Cotat dans un millésime jeune, accompagné d'un pain aux raisins. Un chardonnay, type Chablis (dans un millésime riche qui commence à mûrir) conviendra également, surtout si l'on accompagne le fromage d'un pain aux noisettes. Le chablis Saint-Martin Vieilles vignes du domaine Laroche, le puligny-montrachet Les

Combettes de J.M. Boilot sont ainsi parfaitement à l'aise avec ce fromage très gras.

Munster, avec une vendange tardive de gewurztraminer sans trop de sucre résiduel, accompagnée d'un pain au cumin.

Pélardon (chèvre gras), avec un chignin-bergeron (vin de Savoie) jeune.

Picodon (chèvre à la trame serrée), avec un châteauneuf-du-pape blanc d'un millésime jeune ou un vin de Provence, Château Simone blanc (appellation Palette) de quelques années. Saint-péray tranquilles et saint-joseph blancs conviennent également, tout comme le chignin-bergeron de Savoie.

Pont-L'Evêque, avec un meursault ou un vieux saint-joseph.

Pyramide de Valencay (chèvre minéral et fumé, mais à la pâte beurrée), avec un vin droit et riche, type savennières Coulée de Serrant dans un millésime jeune, éventuellement un reuilly.

Reblochon, avec un chignin-bergeron, vin blanc de Savoie ou un châteauneuf-du-Pape blanc.

Rocamadour (chèvre), avec un vin de Provence, le palette Château Simone blanc jeune, ou un sancerre jeune, un jurançon sec ou un bordeaux blanc.

Roquefort (persillé de brebis), avec un porto LBV d'une dizaine d'années, un porto vintage ou un banyuls millésimé et gorgé de fruit, accompagné d'une brioche aux cerises. On peut également tenter un hermitage blanc évolué accompagné d'un pain aux pommes séchées (on dit "pommes battues" dans la vallée de la Loire). Les deux textures sont grasses et la pointe d'acidité qui caractérise le fromage et le vin trouve là une expression superbe. Selon son goût, on peut également essayer un sauternes jeune (pour sa puissance et sa fraîcheur en finale).

Saint-Marcellin, avec un jurançon pour l'accord sur le gras.

Sainte-Maure (chèvre), avec un grand sancerre de quelques années dans les meilleures cuvées de Cotat (Chavignol), Crochet (Le Chêne Marchand) ou Pinard (cuvée Nuance). Un vouvray jeune et sec convient également.

Saint-Nectaire, avec un graves blanc à maturité ou un graves rouge. C'est l'un des rares fromages qui se plaît effectivement en compagnie d'un vin rouge.

Salers, avec un châteauneuf-du-pape blanc puissant et concentré.

Solognot (chèvre), avec un sancerre riche et jeune.

Stilton, avec un porto millésimé et une brioche à la cerise.

Taupinière du Poitou (chèvre à la texture serrée, fort en goût), avec un vin à forte structure acide qu'on ira chercher parmi les chenins, par exemple un vouvray jeune de Huet (cuvée Le Mont).

Tomme de brebis Ardigasna (chèvre à pâte serrée), avec un xérès et une pâte de coings.

Tomme de brebis de la vallée d'Ossau, avec un bourgogne rouge, jeune et frais, type Corton et une pâte de coings.

Tomme de chèvre, face à la pâte serrée, il faut un vin dense, structuré, mais déjà fait, par exemple un puligny-montrachet.

Tomme de Savoie, avec un bourgogne rouge, jeune et frais, type Corton.

A faire... et à éviter

Pour finir, voici quelques réflexions plus générales sur ce qu'il faut faire et ne pas faire lorsque l'on marie fromages et vins.

Choisir uniquement des fromages fermiers correctement affinés. Ce sont les seuls qui livreront le goût de leur terroir, sans déviation gustative (amertume, acidité, sel trop prononcé...).

Enlever la croûte des fromages (surtout les cendrés et les fromages de Normandie) qui donne une pointe d'amertume.

Tenir le plus grand compte dans le choix du vin de l'affinage du fromage : l'âge modifie les saveurs et fait ressortir le sel.

Ne pas prendre des vins avec un boisé trop prononcé : le fromage s'accorde mal des notes vanillées. Il faut donc des vins mûrs.

Savouries, cigares

Les savouries sont une gâterie anglaise de fumoir. Après le dessert, elles relancent la bouche avec des notes épicées et croustillantes. On les accompagnera de portos puissants et épicés mais gardant du fruit. Actuellement, des 1984 et 1983 sont parfaitement à l'aise sur ces préparations fortes en goût. Si l'après-repas est uniquement consacré au cigare, sans accompagnement de bouche, on évitera les vins rouges bien que cela soit souvent conseillé. Les accords aromatiques peuvent être intéressants, particulièrement avec des bordeaux jeunes, mais le cigare

HABANA

a souvent tendance à assécher les vins et à faire ressortir les tannins. Des liquoreux sont souvent très agréables avec des cigares suaves et amples. Mais ce sont le plus souvent les vins mutés qui créént les accords les plus délicats (madère, porto ou vieux banyuls solera). Si l'on penche vers les eaux-de-vie, nous préférons les alcools de raisin (armagnac ou cognac) plutôt que le calvados dont le fruit rencontre rarement le registre des cigares. Les whiskies de malt fonctionnent en général très bien surtout quand ils ont des notes tourbées et fumées. Avec les rhums, même vieux, l'alcool est souvent un peu dominant et accentue la rusticité du cigare.

Voici quelques recettes de savouries

Croûtes au fromage et à la muscade

Cuire un fond de pâte brisée prête à l'emploi. Y découper de petits cercles à l'aide d'une tasse renversée. Préparer une sauce béchamel. Faire fondre 50 gr de beurre et ajouter une cuiller de farine. Laisser légèrement roussir. Verser un verre de lait froid. Saler, poivrer. Remuer jusqu'à épaississement de la sauce. Tartiner les cercles de pâte cuite de cette béchamel fortement assaisonnée de muscade et saupoudrée de parmesan râpé.

Croûtons au roquefort et aux noix

Faire une pommade en mélangeant un tiers de beurre à température ambiante et deux tiers de roquefort. Toaster des petits croûtons de pain de campagne. Les tartiner de beurre de roquefort. Ajouter des noix finement hachées.

Page de gauche : Gambas au curry

Gambas au curry

Faire frire à la poêle dans un trait d'huile d'olive ou de beurre des queues de gambas décortiquées. Les servir avec une mayonnaise au curry. Préparation de la mayonnaise : mettre dans un bol deux jaunes d'œufs, une cuiller à soupe de moutarde. Saler et poivrer. mélanger le tout au fouet. Faire couler doucement de l'huile d'olive en continuant de fouetter. Quand la sauce prend, ajouter un peu de vinaigre ou de jus de citron, puis le curry. On peut remplacer la mayonnaise par un chutney (que l'on trouve dans les épiceries orientales, surtout indiennes).

Allumettes au parmesan et au paprika

Etaler une pâte feuilletée prête à l'emploi. La badigeonner d'un jaune d'œuf. Parsemer de parmesan râpé, saupoudrer de poivre de cayenne et de paprika. Tailler la pâte en bâtonnets. Cuire 15 minutes au four à 200°C (thermostat 6).

Index des recettes

Amuses-bouches

Coquillages, crustacés et poissons

Abats, viandes et gibiers

Desserts

Savouries

Index des vins

Languedoc-Roussillon

Loire

Portugal

Provence

Savoie

Sud-Ouest

Vallée du Rhône

Index des produits

Glossaire

Les mots présents dans ce glossaire sont indiqués par (*) dans le texte.

Beurre noisette
Le beurre est dit "noisette" quand, légèrement chauffé, il prend une couleur noisette et ne grésille plus.

Blanchir
Plonger des aliments crus, pendant un temps variable, à l'eau bouillante, pour leur faire perdre leur âcreté ou permettre leur épluchage.

Brider
Passer, à l'aide d'une aiguille à brider, une ficelle à rôti au travers d'une volaille pour maintenir les ailes et les cuisses le long du corps pendant la cuisson.

Brunoise
Tailler des légumes en dés minuscules de 1 à 2 mm de côté.

Chemiser
Enduire les parois et le fond d'un moule.

Chinois
Passoire conique très fine pour filtrer.

Ciseler
Tailler des légumes ou des fines herbes en menus morceaux, en lanières ou en dés minuscules.

Déglacer
Faire dissoudre à l'aide d'un liquide les sucs d'un récipient ayant servi à une cuisson pour les récupérer dans une sauce ou un jus.

Dégorger
Faire tremper dans de l'eau un ingrédient pour en éliminer les impuretés.

Dressage
Présentation harmonieuse d'un plat.

Émincer
Couper des légumes en fines lamelles d'égale épaisseur.

Emporte-pièce
Ustensile de formes variées permettant de découper une pâte en plusieurs formes régulières.

Faire suer
Cuire dans un corps gras, à chaleur douce, des légumes taillés menu pour leur faire perdre leur eau et concentrer leurs sucs.

Flamber
Pour flamber une préparation à base de vin, on doit la porter à une température permettant à l'alcool de s'évaporer. Une allumette enflamme l'alcool.
Cette opération permet de diminuer l'acidité de la préparation.

Julienne
Tailler des légumes en filaments.

Lever
Prélever un morceau d'une viande, d'une volaille ou d'un poisson.

Mirepoix
Légumes taillés en dés un peu plus gros qu'une brunoise.

Monter (au beurre)
Battre au fouet à main ou électrique une sauce en lui incorporant des morceaux de beurre pour la rendre plus lisse et onctueuse.

Napper
Verser une sauce sur une préparation.

Réduire, réduire à sec
Diminuer le volume d'un liquide par évaporation pour augmenter la concentration des saveurs ou lui donner plus de consistance. La réduction "à sec" va jusqu'à la quasi-évaporation totale du liquide. (attention de ne pas tout brûler!).

Réserver
Mettre de côté, au frais ou au chaud des ingrédients ou des préparations pour une utilisation ultérieure. Pour réserver au chaud, on utilise un bain-marie ou l'entrée du four encore chaud.

Suprême
Blanc de volaille ou filet de gibier.

Achevé d'imprimer par Canale,
Turin, mars 1999.
Dépôt légal : 1er trimestre 1999
ISBN : 2 08 200649 2